讓你愛的人重新愛上你

盧悅◎著

〔推薦序〕

外遇這個對手，沒交手過，別跟我說你懂愛

記得年輕時剛進研究所，修到「婚姻與家庭」、「婚姻與伴侶治療」這兩門課時，有一個問題一直困擾著我，那就是：「假如伴侶外遇了，關係真的可以回得去嗎？真有所謂的破鏡重圓嗎？」

在我當時小小的腦袋中，覺得外遇是對關係最大的背叛，我不知道除了離婚或分手，還能有什麼解決辦法。我心中一直覺得信任就像一張白紙，一旦被捏皺了，就算用力撫平，也恢復不了原狀；唯一的方法就是重新打成紙漿，才能再度重生。所以對於那些伴侶外遇，卻選擇留下來，遲遲不離婚的人，我都推論他們是因為情感太過脆弱或是經濟問題，才會讓他們沒有走掉。

直到我進入實務工作，碰到各形各色的當事人和他們的關係，我才發現自己對人性的認識有多麼淺薄。

曾經有位優秀的女性，在得知先生和同事外遇後，每晚哭得撕心裂肺，她開始懷疑自己是不是很差勁，才會留不住先生。可是一到了白天，她又會恢復正常，把小孩照顧好，工作做好，同時還把老公的事業照顧得服服貼貼。她不缺錢，也不缺人喜歡，她是部屬心中的好

長官，只要她喊一聲，所有人都會立刻圍過來給她關懷。老公開口要離婚，結果被所有人唾棄。

小三贏不過她，開始鬧自殺。她卻是第一個衝到醫院關心情況的人。看著小三枯槁的面容，先生憔悴的臉龐，她心想如果你們的愛如此堅貞，她的退出可以換回兩個人的快樂，她願意成全。結果，老公不肯了，老公堅持要留下來，死也不肯簽字，還把所有財產都過戶給太太。

他們的腳步一直對不上，一個想走時，另一個還在猶豫；等到一方決定放手後，原本想走的，卻打死不退。他們歷經人心最醜陋的一面，承受地獄般的煎熬，結果有次晤談時，我的當事人卻跟我說：「她從不恨小三，相反的，如果沒有那個小三，她的先生不知道自己有多麼孤單、脆弱。他們現在也沒辦法牽著手，說心底話。」

很難理解對吧？！我再講一個故事，同樣是獨立的職場女性，手上握有先生和小三，過去兩、三年一起出遊、對話的證據，只要她公開出來，法官絕對會判決離婚，並且把小孩的監護權都給她。可是她沒這麼做，她只是默默聽著錄音檔，理解老公無法在她面前展現出來的另一面。然後，在我和她的晤談中，平靜地說著她老公的痛苦和為難，沒有想採取任何激烈的手段，要世人還她公道。

如果你讀到這裡覺得一頭霧水，心裡有很大的矛盾，甚至有點生氣，我非常鼓勵你閱讀《讓你愛的人重新愛上你》一書。

這本書能夠幫助你放下道德的框架，直指人性的複雜。那些違反你直覺的反應，背後都隱含著幽微的心理動力。唯有你願意跟著作者的筆，一起躍下潛意識的深淵，探索那些被壓抑在理性之下真實的慾望，你才有機會真正的懂人，懂一個人最深的需要和恐懼。那不是法律可以保護的軟肋，輿論可以討回的正義。

假如你是在二十多歲遇上這本書，你很有可能會罵它胡說八道。

假如你是在三十多歲遇上這本書，你也許會邊看邊覺得困惑，可是你就是放不下書，覺得作者說對了一點什麼。

假如你是在四十多歲遇上這本書，而你讀著讀著忽然發現臉頰有淚，感慨萬千，或許代表你更懂人性，也更靠近自己一點了。

假如你是在五十多歲遇上這本書，你可能會笑笑地讀完它，然後跟後輩晚生說，別想這麼多，該哭的就哭、該痛的不要閃。

當你懂得並願意承認人不完美，不再對自己和他人存有那麼多的幻想。

你的愛情，才有可能開花結果；你的人生，才有機會真的懂愛。

祝福你～

心理諮商師　楊嘉玲

第3章　出軌有解藥嗎

第4章 懂得絕情，才能真正地深情

第5章 怎樣找到那個愛你一輩子的男人

第 1 章

愛情的那些潛規則

女人找到真愛，從識破那些情感的潛規則開始

他們隱藏著一些讓人難以覺察的鉤子，一旦你上鉤就要出血，為他們提供能量，這樣你的自我就犧牲掉了，直到最後被當成口香糖吐掉。

少些潛規則，多些真誠，是我們這個時代的呼喚。

什麼是潛規則？潛規則本身的意思就是「不把人當人看」的遊戲。潛規則就是控制，控制就是不把你當人看，而把你當人肉電池用，利用你、剝削你。

有許多所謂的「巨嬰」，他們都是成年人，卻在人際關係中成為能量的吸血鬼。

每個人都有暫時隱退的時候，都有遇到事情崩潰的時刻，但和「巨嬰」的差異在於，我們是暫時性的。也就是說，我們會暫時有一些負能量，但隨後負能量會回歸到正能量，而「巨嬰」的負能量則是無始無終的，會一直惡性循環。

他們就是人際關係的癌細胞，隱藏著一些讓人難以覺察的鉤子，一旦你上鉤就要出血，為他們提供能量，你的自我就犧牲掉

了，直到最後被當成口香糖吐掉。很多人這時候才明白：原來這不是愛，這只是赤裸裸的敲骨吸髓而已。

這些潛規則，你的伴侶可能在玩，你自己可能也在玩，相信我，玩這些潛規則的，一般沒有好結果，最後就是一場全輸的遊戲。

沒有人是傻瓜，可以永遠承受損失，只承擔義務不享受權利，所以這樣的關係最終會讓所有人都受傷。

第一個心理遊戲：沒有人可以幫得了我

有位學員對我說：「老師，我跟先生一天到晚吵架，到底應該怎麼辦呢？」

我回答她：「那就離婚呀！」

接著她又說：「可是，我要是離婚了，小孩怎麼辦？如果真離婚了，我就沒有辦法照顧孩子了。」

我回答她：「如果你真的想要得到小孩子的監護權，可以通過法律途徑解決。」

她說：「這樣不太好吧？如果走上法庭，以後我要怎麼面對公婆和親戚？」

總是有些比較熱心幫助別人的人，會一再以救援者的身分掉入這種心理遊戲中，並反覆上鉤。

在這種循環往復的交談裡，那個真正想要幫助別人的人，會變得愈來愈沮喪、愈來愈失落，而那個尋求他人幫助的人，最後會再一次沉溺在自己童年時受創的經驗裡。於是，被深埋在心中的聲音——「沒有人可以幫得了我」和「我總是求助無門」再次被喚醒。

在日常生活中，被這個心理遊戲困住的人，可能在童年時期就已經學會不斷用犧牲者的角色得到父母的注意和幫助。

這樣的人一直讓自己扮演犧牲者，以吸引喜歡給予拯救的人出現，但是企圖給予幫助的人，最後反而成了被迫害的犧牲者。於是，在這遊戲終止之前，兩個人都帶著很無奈、很沮喪的感覺，而且彼此所得到的回饋都是十分負面的。

如果我們仔細看上文的對話，就會發現在這樣的交談裡，其實就是在玩「沒有人可以幫得了我」，也就是「是的……但是……」的心理遊戲。

這位學員表面上好像很需要別人給她建議和幫助，但是當別人真正給她建議時，她又一直找理由回絕。事實上，她根本不需要別人的意見，因為在她心裡早就有了自己想要的答案。

第二個心理遊戲：都是你害的

這個心理遊戲似乎要高級一點，因為下面這段對話中的主角也是向別人求助，不同的是，他會欣然接受對方給的意見，而且他也會照著對方給的建議去做。但是當他失敗時，就會把所有的過錯都推給別人，甚至是那個好心給他意見的人。

有一次，我教一位來訪者如此回敬她的丈夫。

妻子：「你是說，現在出的所有問題都是我的錯？」

丈夫說：「對啊，都是你害的。」

妻子：「那麼這就是說，你對此毫無辦法控制了？」

丈夫：「那當然，你都把事情做成這樣了，我怎麼辦？」

妻子：「也就是說，我對你的影響力非常大了？」

丈夫：「對啊，很可怕了！」

妻子：「那麼你就是一個弱得像小孩一樣的人，我可以隨意控制你，我讓你往東，你就不能往西，因為你對整個局面毫無掌控了。」

丈夫瞪大眼睛，傻眼了。他當然不願意承認自己是個木偶或嬰兒，可是按照他的這套邏輯推演出來，就是這個結論。於是，他又把錯誤推給了聽他傾訴給他意見的朋友。

事實上，當一個人把所有責任都推諉給別人的時候，其實就是宣布：我是嬰兒。因為這個世界上只有一種人可以堂而皇之不用承擔任何責任——那就是嬰兒。

如果你有一顆聖母心，那麼就很容易被對方一副深深受傷的樣子吸引，然後完全忘記這裡面的邏輯問題。

為什麼一個人會有這麼強烈的聖母心呢？

因為當我們做孩子沒做夠——小時候有很多遺憾時，我們會有兩個選擇方向，一個是選擇做嬰兒，一個是選擇做小大人——未來的聖母。

我們的方向是由父母的投射決定的，如果父母全身心地期待我們做小大人，來承擔他們不能承擔的責任，那麼我們很可能就會被訓練成能夠對別人的情緒進行迅速安撫的人才。

如果父母全身心地期待我們做嬰兒，來讓他們感覺自己很偉大，那麼我們從小就要訓練自己不要承擔任何責任，任何責任都是我們的敵人，因為我們需要讓大人們開心。

第三個心理遊戲：挑撥離間

這是一種間接性攻擊。比如：「志明，我告訴你哦，舜子經常在你背後說你這個人很不夠意思。」意思也就是說，你看他表面上好像對你不錯，但事實上他心裡是很討厭你的。

此外，在「挑撥離間」的心理遊戲中，還有一種更高明的玩法就是「放狗互鬥」。「放狗互鬥」所運用的伎倆就是：讓他因為你的建議而變得更挫敗，然後在他十分沮喪的時候，你又給他十足的鼓勵和安慰。

很多男人在家庭裡經常成為雙面膠，他們要聽兩個女人互相告狀，如果他們耳根子軟，就很容易偏聽偏信。

而更可怕的是，在父母和孩子之間，甚至在妻子和丈夫之間，如果我們害怕對方的強大，而喜歡對方的弱小，我們往往會想方設法讓對方挫敗，讓對方很難有挺直的腰。因為這樣的話，我們就可以感覺到在關係中是安全的，或者我們的自戀是安全的。

比如，很多媽媽喜歡給孩子出一些餿主意——讓他們娶比較糟糕的女人，出現問題以後，再以救世主的方式出現。她的兒子經過外面的傷害以後開始畏縮了，她就可以長久地擁有兒子了。

這就是不肯退位的媽媽的心理。

同樣，也有很多丈夫害怕妻子太優秀了，自己管不住，會有意無意出一些歪點子，讓妻子受挫，他們就會說，那你還是留在家裡吧，男主外女主內更好，你樂得享清福不是很好嗎？

其實這是因為他們沒法面對更強大的伴侶或者親人，他們的自尊和害怕失去對方的恐懼，讓他們做出這樣厚黑的操縱行為。

最可怕的是，這一切都是在潛意識層面發生的，他們根本無法意識到。

第四個心理遊戲：NIGYSOB

NIGYSOB（Now I've got you，son of bitch），我將它翻譯為：忍無可忍，無須再忍。

一個女人為了丈夫犧牲了研究生的學業、有前途的工作，生了一堆孩子，忍受丈夫的一次次出軌和家暴，最後終於在一次給丈夫洗澡的時候，把手擦乾淨，忽然跟丈夫說：我們離婚。

這就是典型的「迴避型」人玩的遊戲，他們的世界只有兩個應對模式：忍、滾。忍不了就滾，滾不了就接著忍。

喜歡玩這種心理遊戲的人，一般來講他們童年時期的憤怒受到了壓抑、否定。在他們的價值觀和心靈深處，一直認為憤怒是不好的，因此在成長過程中，會害怕自己對別人的攻擊性、侵略性，在日常生活中他們會儘量避免與他人有衝突。

童年時期，父母親之間常有爭執和衝突，使他們十分恐懼，於是在很小的時候，他們就決定自己長大後不要像父母一樣，因為憤怒的情緒是非常可怕的體驗。

所以他們通常會累積許多次的事件，一而再、再而三地容忍，當內心積壓到忍無可忍時，終於一次爆發出來。

但問題是，別人不知道他們在忍。很多女人會以為這樣的男人是「暖男」，以為這是男人胸懷寬廣的表現。其實，這樣的男人只是不能說「不」，不能表達自己的觀點而已。

很多男人會以為這樣的女人很包容、很懂事，但其實她們藏著一肚子委屈。對她們來說，一旦把自己的另外一面展現出來，很可能就是一刀兩斷之時。

玩這種心理遊戲的人，無法相信把自己的另一面拿出來會有倖存的那一天，所以只要他們有不滿，就會立刻逃遁，他們沒有經歷過問題解決的時刻。

第五個心理遊戲：「官兵捉強盜」

「官兵捉強盜」的心理遊戲，是出軌男女經常玩的遊戲。在這個遊戲中，因為我們隱藏的技術並不是一流的，所以當我們終於被心愛的人逮到的時候，會縱容自己再度浮現童年時的感覺，悔恨交加，或是陷入「我總是讓愛我的人受傷」的念頭中而無法自拔。

這就是為什麼很多人承諾戒煙、戒酒、忠於婚姻，卻一再打破承諾又自責不已。

在三歲的時候，我們就會面臨一個人生終極命題，那就是想要到外面的世界探索，卻害怕回頭一看，「媽媽沒了」。

很多孩子都會試圖在學走路的時候慢慢擴大探索的半徑，但他們會自然地回歸到媽媽身邊，就像是沒有油的汽車，沒有電的手機一樣，把媽媽這裡當成安全基地來充電和尋求補給。

如果這個時候，媽媽沒有給他們很好的安撫，比如禁止他們做一些冒險的遊戲、離開媽媽太遠，或者忽視孩子，即使孩子在冒險的過程中摔倒撞到碰到也都無動於衷，孩子的安全感就無法得到發展，致使孩子生活在安全和探索之間的地帶。

他們想要探索自己的世界，可是又缺乏安全感，那麼他們的選擇就是找到一個隱秘的地帶，這個地帶可以擁有自我，又可以不離開媽媽。

比如很多翹課的孩子，他們不敢輟學，卻會試圖通過翹課來尋找屬於自己的空間。很多孩子一直都被限制發展自我，沒有足夠的安全感去外面的世界探索，他們就會用偷偷摸摸的方式去探索。

這種模式在他們成年以後很容易發展為出軌的行為，他們試圖不離開妻子，同時又可以有一個「法外之地」，在那個地方他們才會擁有真正的自我。

所以，他們在關係中總是鬼鬼祟祟的，把別人看成迫害他們的人，然後試圖把他們真實的一面轉移開來。這對他們的伴侶來說是非常不公平的，因為對方往往不知道他們如此害怕袒露真實的自己。

還有很多類似的心理遊戲，限於篇幅就不多說了，但所有的心理遊戲都有一個共同點，就是「我是嬰兒，我解決不了問題，你來解決」。

任何有自我的人，面對這樣的人，早晚會離開。

但問題是，我們大多數人的自我或多或少都有一些缺損，他們的種種誘惑又正好會吸引我們情不自禁地為他們一次次「獻血」。

面對這樣的人，其實需要做的很簡單，就是兩步：

- 識別出他們的心理遊戲潛規則。
- 溫柔而堅定地說「不」。

清醒地撥開迷霧，何去何從自然明白。

世界上所有的真愛，
都是「勾引」出來的

什麼時候，你們停止了調情的腳步，
什麼時候，愛就開始缺氧了。

一輩子吊著男人的胃口，才能牢牢地成為他心中的真愛嗎？

有人說，沒有拆不散的婚姻，只有不努力的小三。這個說法雖然不好聽，但戳破了一個真相。男人剛跟你說「我們都『老夫老妻』了，就別那麼肉麻了」，可是一轉身，你會在他的手機上發現他那堪比「情深深雨濛濛」的情話，只不過這些話不是對你說的。

你以為那個小三是怎樣出色的妖精，其實不過是個其貌不揚的「熟女」而已。她怎麼會成為你的情敵，把一個糟老頭變成了賈寶玉？

沒有什麼理由好說。

真的嗎？

我只問你一句：「你們關係已定和關係未定時期的表現有何不同？」

就是很少再調情了。

為什麼？

因為關係已定。

這就是我們在情感中最容易犯的常識性錯誤：我們內心有兩個情感口袋，一個是未確定的情感，一個是已經捕獲的情感。調情、勾引、互撩，這些都是感情初期要玩的；當大局已定，我們就要踏踏實實「過日子」了。這種**「過日子」心態是一切情感裂痕的開始。**

你會發現，男人往往會有興趣參加一種情感培訓：「泡妞課」。而女人很少參加「撩漢課」，女人最願意投資的是「情感挽回課」。男人以追逐「獵物」為樂，而女人則以儲藏「食物」為樂。男人的精力大部分用在婚前，女人的精力往往用於婚姻危機。

但是，誰都不知道如何經營婚姻關係。

其實，這個世界上根本沒有婚前、婚後這兩個情感口袋，只存在一個情感口袋。沒有「勾引」，就絕對不會有真愛，這和沒有氧氣就沒有火焰是一個道理。

我在這裡強調一萬次：**真愛＝永遠永遠「勾引」他！**

什麼時候，你們停止了調情的腳步，什麼時候，愛就開始缺氧了。

如果你想讓男人永遠愛你，就必須不斷撩撥他，讓他永遠處於「充血」狀態，激發他所有的潛能去愛你，一旦你停止了撩撥，他就會感覺空虛，就會尋找另外一個「主人」去撩撥他。

你會說，男人怎麼那麼賤啊？

是的，你必須讓男人變賤一些，你才能貴一些，這樣才不會走「婚前女人是奢侈品，婚後女人變十元店裡的地攤貨」這樣的悲情故事路線！

「女不強大，天不容」，說的不是女人要變成女漢子和男人鬥，而是說女人要在情感中掌握主導權，才能永遠立於不敗之地。這樣，你的情感才會聽你的，否則，你就很容易成為棄婦。

那麼，到底怎樣才算是高段的調情者呢？

你要是做到以下四點，人生一定超乎水準。

高情緒價值

婚前，主動打電話的，往往是男生，

婚後，主動打電話的，往往是女生。

為什麼呢？

因為心態變了。

那麼，為什麼心態會變呢？

因為女人喜歡穩定，開始接觸男生的時候，不知道此人是否可靠，是否真的愛她，所以不敢投入。因為不敢投入，但偶爾也會被撩撥，所以自然就忽冷忽熱了。

但是，男人就喜歡女人這麼虐心。女人的變幻無常反而激發了他強烈的征服欲。這個世界上最能激發一個人投入的，不是穩定獲益，而是不穩定獲益。你不知道接下來會是什麼，就永遠都會有好奇心。賭博容易上癮，就是因為你不知道下一把是輸還是贏，你就永遠想掌控，永遠想知道結果。

很多女人進入婚姻以後，就變得一覽無遺，變成跟「包租婆」一樣的打扮。女人不再是獵物，男人就失去了追求的動力。而男人是永遠需要追求的，否則，他就會覺得人生毫無意義。所以你的情緒價值就是：

- 讓他不斷為你做事。
- 你可以不斷為他做事。

做好這兩件事，你就給了他情緒價值。

比如，電視劇《我的前半生》第一集，羅子君就成功「撩漢」了——非要他繞遠路開車把她送回家，這個傲嬌的男人居然乖乖照辦了。為什麼他會照辦呢？因為他感覺自己被需要。

而淩玲教我們的「撩漢」技巧是，永遠都站在對方角度說話：其實，你不用那麼著急離婚，我愛你，是我的事，你還是回歸家庭吧，這樣不會苦了他們母子倆。

這話把男人所有的退路都堵死了，讓陳俊生大為感動：她是多麼體貼我，理解我啊！最重要的是，你要給男人提供一個如癡如醉的空間。

薇薇安是《我的前半生》裡最有女人味的女人，她的問題是太追求性感，反而沒有了自己的身價，但她的性感是值得我們學習的。

女人最性感的地方有四個。第一個地方是眼睛，女人的眼睛裡要有故事，總有一種調笑、捉弄的神情，這就是遊戲者的心態。

第二個地方是手，經常撩撩自己的頭髮，或者有意無意地靠近男生，有一些輕微的肢體接觸。我們經常看到男女雙方，一方為對方拂去肩頭上的灰塵，或者臉上的髒東西……這些肢體接觸都會迅速點燃男人的欲望。

第三個地方就是肩膀，女人的肩膀可以調配出不同的情緒表情，引發出很多聯想。像薇薇安那樣，可以把頭稍微側向左側，肩膀也隨之向左提高，手臂卻非常端正，這就是一種挑逗的身體語言，肩膀在勾引，而手臂卻在防禦，這種不平衡感會讓男人產生衝動。

第四個地方是腰臀，它的擺動，決定了很多男人的視線。看看莫妮卡．貝魯奇的走路方式，眼瞼下垂，做出冰山女王的樣子，腿部卻用力蹬地，造成臀部的振動、腰間的擺動。如果此時女人的眼神是活動的，那就顯得低俗了，最高級的性感是有收有放。

男人是視覺動物，女人要盡可能地為他提供視覺的享受和心靈的撫慰，最終讓他變得賤兮兮地去愛你，同時還覺得自己非常男子漢。這就是男女遊戲最有意思的部分。

高自我價值

在《我的前半生》裡，薇薇安為什麼失敗？

對於低自我價值的男人來說，你的強勢「撩漢」，會讓他們感覺自己居然被女神看中，這是多麼大的榮耀。但對於不需要女人來陪襯自己價值的男人來說，他們更需要尊重女人。女人負責催眠，男人負責追求。

一旦走到生活中，女人像男人一樣死纏爛打，一段感情就變味了。

我們來看看羅子君是怎麼讓賀涵自動變「賤」的。她所有的求助都是帶著這種腔調：我是走投無路了，實在沒辦法了，才會求助的；我是個自立的女人，只要我好起來，我一定會償還你的人情的，我是個好強的女人！

為什麼唐晶沒法讓賀涵變「賤」？因為她所有的求助都是這樣的潛台詞：只要有一天我變強了，就把你打趴下！

一個是在風雨中飄搖的白蓮花，一個是養不熟的小狼，你說賀涵更願意幫誰？

男人都喜歡幫女人，因為這會讓他有價值感。但男人不喜歡幫兩種女人，一種是女漢子，一種是笨女人。

男人喜歡上位思考，他們不願意幫助強大起來會把自己幹掉的人，也不願意和一個永遠如爛泥扶不上牆的人在一起。他們不願意處於弱勢，如果一個女人永遠都是弱勢，他們會失去對這個女人的尊重。在男人的世界裡，當一個人不再被別人尊重，就意味著精神上的滅絕。

羅子君過去表演各種腦殘，連角膜都不知道是什麼，這只能讓陳俊生覺得自己怎麼和一個巨嬰生活在一起，太沒力了。而羅子君後來的求助，都是帶著一點自己的小尊嚴，而且她也初步用能力證明了自己在職場中的價值：脆弱和強大兼備。這才會讓男人的欲望勃發。

你要有打壓力

在情感初期，很多人都會「打情罵俏」，但到了婚姻中，還是打和罵，卻沒有了情和俏，究其因，是失去了足夠的幽默感，失去了足夠的情趣。

女人最大的魅力在於拒絕，因為拒絕有時可以產生更多的張力，也會讓你抬高身價。我們來看看羅子君是怎麼拒絕賀涵的：你這樣的男人，所有女生都會愛上你的，但我不能，因為唐晶是我的救命恩人。

唐晶如果對那個海外歸來的小白臉李睿有些意思的話，也可以這樣打壓他：「你用的這些常規的泡妞潛規則，對我沒用，先生，如果你愛我，請拿出真心來。」

這些打壓都有兩個特點：

- 我對你還有興趣。

• 你必須拿出更好的東西追求我，你的這些廉價貨，給我收起來。

如果只有第二個特點，那麼就是純粹的侮辱。如果只有第一個特點，你就是一個花癡，男人無法尊重這樣的女人。

你要會哄人

有的女人說，我其實一直都在小心翼翼地照顧著他脆弱的自尊心，自從我賺得比他多以後，我恨不得被老闆炒掉，因為我知道他太在意這一點了。

錯了，這不是哄人，這是伺候人。

哄人包括兩點：

• 給男人開免責通知單。

• 給男人找上位的機會。

男人最大的痛苦在於，要承載很大的自我糾結的壓力。女人要告訴他的是：很多事情，不是你的問題，是我的問題。主動攬責，會讓他特別感激你，因為你幫他挽救了面子。

對於總是在意妻子比自己賺得多的男人，我們需要給他們換換腦子：

「我知道你是做大事的，很多做大事的人都要經歷一些苦難，比如李安這樣的，一直都讓妻子養的，但最後全世界都會記住他的名字。」

「再說了，那些賺錢多的男人我見過很多，他們賺錢多是因為什麼，可能就是有個好爸爸而已。」

「人生總有大運和小運，如果你總是那麼在意一時得失，那我真是錯看了你。」

這都是在拉男人到上位來，讓他給自己一個臺階下，給自己一點面子。對男人來說，能幫他找回面子的女人，最讓他春心蕩漾。

愛情就像兩個人一起跳探戈，進進退退，你來我往，啟動的是情緒，投入的是情感，有情才有愛，而情必須是你用心調出來的。

婚姻中最殘酷的不是出軌，而是忽視

情感忽視讓所有的愛都像投入了深海，杳無回音。
到底該怎樣拯救感情裡的透明人？

你有過在情感中被忽視的經驗嗎？那個人明明就在身邊，卻總是感覺遙不可及；明明只要一回頭就能撞個滿懷，他卻總是看不見。情感忽視讓所有的愛都像投入了深海，杳無回音。到底該怎樣拯救感情裡的透明人？

情感世界的兩大謎：

- 女人怎麼總有那麼多需要？
- 男人到底在想什麼？

男人說：「你知道嗎，我回家最想的是靜靜。」

女人問：「靜靜是誰？你又在勾引誰？」

所有的不愛，都從忽略對方的存在開始。

曾有個新聞，說一個女明星嫁給一個富翁，生了孩子以後，老公每月給她幾十萬元的生活費，但是基本不回家。很多女人都羨慕——能住豪宅，領這麼高的「薪資」，還不用工作，那要老公幹什麼啊，同樣都是守寡式婚姻，我們連幾十萬元都沒有。

看了後好心酸。

其實，男人最想要的，是內心的寧靜；女人最想要的，是心中的踏實。

當男人沉默的時候，女人認為他已經不愛了；當女人敞開心扉時，男人認為她只是一味索取。

一段情感的轉折在於，你在關係中是越來越主動，還是越來越被動。蜜月期，我們往往是主動的，而在危機時刻，彼此都成了被動的受害者。**最讓一個人痛苦的，莫過於對其「存在感」的傷害。**

每個人活著都有兩種選擇：一種是「主動」地活著，另一種是「被動」地活著。主動和被動的區別，就在於有沒有存在感。

一隻貓看到鏡中自己的影子，牠會非常警惕，因為牠沒有「自我意識」。而人與動物、植物、無機物相比，最大的區別就在於人知道自己「活著」。

你是「碎片人」，還是「整個人」

你是「碎片人」，還是「整個人」？這麼說是不是有些晦澀？

舉個例子吧。《24重人格》這本書是一個多重人格患者的自傳，作者卡梅倫·韋斯特，是一位三十多歲的成功商人，婚姻幸福，孩子可愛。直到有一天，他發現了一個驚天秘密：「我」不是「我」！我究竟怎麼了？我彷彿被惡魔纏住了，我在鏡子面前說著一些莫名其妙的話，發出的卻是別人的聲音。

這個「聲音」是大衛發出來的，大衛是第一個出現在卡梅倫生命中的分身，是他二十四個分身中的一個，二十四個分身的性格、習性、記憶都各不相同。

然後他發現自己有二十四重人格——二十四個不同的自己，當這些分身上身的時候，他完全忘記了之前的身分，可以按照完全不同的人格角色去生活。

有人會問，這種人格分裂的人是怎麼回事呢？

我想給大家說明一下：當一個人的存在感遭到最嚴重傷害的時候會是什麼狀況。

每個人都有多重人格，就像是一幢房子裡有不同的房間，客廳負責會客，臥房負責休息，廚房用於做飯。同理，我們每個人都有不同的部分，比如在學校是一副老實樣子，回家就霸道；在老闆面前是孫子，在老婆面前是大爺……

那麼，正常人和人格分裂者的區別是什麼呢？

人格分裂者房間的門都是鎖死的，甚至彼此是看不見的。而正常人知道自己有不同部分，知道自己不是一個個碎片，而是一個整體。就比如有的人在家裡會霸道，到了工作場合就秒變好好先生。

人格分裂者為什麼要徹底封死彼此房間的聯繫，不是作為一個整體活著，而是作為碎片化的存在呢？因為人格分裂者如果想整體地活著，要付出的代價太大。

就像《24重人格》這本書的主人公，小時候酗酒的父親每天都往死裡打他。他不敢反抗，更不會反抗，面對無休止的傷害，只有永久地封閉他作為小孩子的感覺：生活在別處——當父親的拳頭揍在他身上的時候，他沒有任何感覺，僅靠關閉感覺而保存了靈魂。

這種解離狀態時間久了，就變成了一個個「碎片化的存在」。

其實這種「碎片化」的存在，我們每個人都會有，只不過人格分裂是一個極端而已。

記得當年我聯考失利，考上了一個很難接受的科系，我非常痛苦：

- 想要重考，沒有勇氣。
- 如果去上大學，又覺得特別難受。

作為代價，我就採取了一種「碎片化」的存在方式——外表上，我很正常，成為一個名牌大學生，正常學習、戀愛，甚至還參加了學校辯論賽。但回首整個大學生涯，我發現自己不過是行屍走肉而已。

我用這種渾渾噩噩的方式來應對無法解決的雙重衝突，我把痛苦隔離，生活在一種「靈魂麻木」的狀態，直到有一天發現一個當年學習成績遠不如我、考的大學也比我還差的同學，現在卻是美國一所大學的副教授，痛苦之門被打開，我才知道，我是如何荒廢了寶貴的青春歲月，沒有完成父母的期許——成為學霸，出國留學，成為博士，光耀門庭，就像我媽媽家族的那些孩子一樣。

但我沒有達成這個期許，也就無法饒恕自己，到今天我還不時做夢，夢見自己回到高中重考，重過一遍大學生涯……

對不起，你的情感餘額不足

為什麼我之前沒有把痛苦之門打開，而選擇了長期關閉它呢？很多人選擇了重考，選擇了考研究生，都在繼續奮鬥，為什麼我卻不能咬牙在學業之路上繼續奮鬥？也不能在大好年華裡去做自己呢？因為我的「情感記憶體」不足。

很多時候，人生的起伏、成敗都要看你的精神存糧，它真正決定了你的人生可以走多遠，幸福的品質有多高。

每個情感記憶體不足的人，都有這四個特點。

1.受挫感

很多人說，他們曾有過這樣的經歷：

「當我哭的時候，我的父母總是嘲笑我：你就是太敏感了，至於嗎？」

「有一次過馬路，我下意識地拉了媽媽的手，媽媽本能地把我的手甩開了。」

「當我拿著獎狀跑回家，興奮地給爸爸看的時候，他卻看著電視，不耐煩地甩手說：好了，好了，知道了，恭喜你……」

「我生孩子的時候，老公卻要和我離婚，我鼓足勇氣讓媽媽陪陪我，她說要在家裡照顧生意，電話裡卻傳來打麻將的聲音……」

當你的情感不被接受、不被承認、被曲解誤會、被忽略、被拒絕的時候，會有一種強烈的受挫感，讓你產生一種「三無」的三觀（即世界觀、價值觀、人生觀）——如果我提出需求，就一定會被拒絕。

我的被拒絕感不是來自家裡，而是來自當年轉學到北京以後，因為學習差而被同學孤立的經歷。我深深地記得同學們一起玩，我想要加入而被拒絕的痛苦。

如果你撞了一萬次牆以後，忽然有人告訴你，你只要念個口訣就可以穿牆而過，你信嗎？除非你的頭被撞傻了。

我絕對不想生活在那種一次次產生希望又失望的痛苦中了，所以一想到重考，過去的那些失敗經歷就像放電影一樣覆蓋了我。

2. 自我懷疑

你被挫敗傷害太多的時候，就會開始對自己產生懷疑：

- 是不是我根本就不值得被愛、被在乎？
- 是不是我真的太敏感了？是不是我太苛責父母了？
- 怎麼會有這些感覺，也許是我有病？

很多人在諮詢時都會跟我確認：「盧老師，你說我的感覺是對的嗎？我是不是太認真了？」「為什麼我就是無法寬恕我的父母？」「為什麼我就是不能忘記他對我的背叛？」

我們對自己的感覺產生懷疑的時候，我們開始質疑自己價值的時候，就說明我們存在的根基在動搖。

有些人懷疑自己的感覺，有些人懷疑自己的能力。但無論如何，我們都失去了標準，因為堅持自我的代價，實在太痛苦。

記得我剛剛做心理諮詢師的時候，一個同行說：「盧悅，你是一個非常差勁的心理諮詢師。」當我看到同行有很多來訪者，而自己門可羅雀的時候，我對自己產生非常大的質疑：「我是不是只會寫字，不會做諮詢呢？我是不是不適合做諮詢師呢？」

那是一段非常黑暗的日子。就像在沙漠中找不到方向，我不知道自己每走一步是送死還是求生，沒有任何東西可以支撐自己存活下來。

3.有毒的羞恥感

有個男性老闆跟我說：「很多女人都罵男人，我也覺得下輩子寧可做女人也不想做男人。因為在公司裡，所有員工要靠你；在家族裡，所有人都會來找你借錢；在家裡，睜開眼就是妻子的抱怨，說我不夠投入……所有人都依賴我，我能靠誰呢？」

我說：「你為什麼要擔負這麼多的責任呢？如果你不負責呢？你拒絕借錢給親戚們，拒絕父母無理的索取，拒絕不斷為朋友們兩肋插刀……如果你堅持過自己想要的生活，你會面對什麼？」

他說：「我會內疚，事實上，我一輩子都好像欠了別人的，如果別人向我索取，而我拒絕就會覺得自己好像要毀了別人似的。」

我說：「是誰給你這麼狂妄的自大感，讓你成了救世主？」

他說：「十歲那年，我父親去世的時候，叔叔拍著我的肩膀說，從今往後你就是這家裡的男主人。從那時候起，我就成了救世主。」

也是從那時起，他就不能依靠任何人了，必須拯救陷入崩潰的媽媽，必須培養很多小孩不需要發展的能力。對他來說，能讓媽媽開心地笑一下，是他人生中最重要的任務。

當年，我剛做諮詢師的時候，很多人在諮詢時熱切地盯著我：「你是我最後的希望，如果你不能救我，我就準備去死了。」那時我快要瘋了——要麼是諮詢師，要麼就是殺人犯！

後來我慢慢明白，我一直都生活在努力為他人負責的世界裡，我想拯救全世界的弱者，然後我才能拯救我自己。因為我也曾是父母的救世主，要過他們未能如願的生活。

在一個團體中，一個帶小組的老師說：「盧悅，我發現你好像想要照顧全組所有人，你有什麼感覺？」

「太累了。」

我為什麼總是感覺別人那麼脆弱？其實這不過是因為我不能靠近自己的脆弱而已。

4.不瞭解自己的需求

諮詢室裡，很多沉默的男人會跟我傾訴衷腸，他們的妻子會吃驚地看著自己的男人：他怎麼能說這麼多心裡話？但這些男人說到最後總是長歎一聲：「我已經習慣了。我這輩子就這樣了，隨便吧。」

我問：「如果不隨便，你想要什麼樣的生活？」

此時，對方卻很茫然地看著我：「我只知道我不要什麼，卻不知道我想要什麼。」

也有人這樣說：「我現在擁有了別人羨慕的一切，好婚姻、好房子、好兒子、好工作，可是我活得一點也不開心，因為我不知道我想要什麼。」

這種感覺，我深有體會。三十歲那年，我在《婚姻與家庭》雜誌社做編輯，那是個可以養老的穩定職業，可是我卻提前感到中年危機了——在這樣一眼望得到頭的人生裡，我到底為什麼活著？

如果說我是一根火柴的話，我總需要知道一生為什麼而燃燒，可怕的是，我不知道什麼可以讓我為之奮鬥終生。

記得一次，我穿了不合腳的鞋子，腳後跟被磨出了血，我卻好像渾然無知，直到同伴指出我才發現。

我一直都生活在「隨便」的世界裡，我習慣了做聽話的孩子，習慣了按照主流意識活著，直到三十歲我才忽然明白，這些不是我想要的。那麼我想要什麼？然後我用十年的時間才明白，我真正想要的是什麼，那就是心靈的探索。

不錯，我是一顆晚熟的種子，我錯過了很多看上去似乎應該發芽的時間，可是，最終我有我的時間表，三十歲以後到現在，才是我真正想要的人生。**人生最重要的，就是完成自己的成長。**

一顆種子，它一生的使命就是發芽；一根小苗，它一生的使命就是長成大樹；一棵大樹，它一生的使命就是開花結果，播撒種子……

我們的使命就是了解自己的真正需求是什麼。

我們如何存在

我們的解決方案，就是兩種：

• 回避型的人，比如我，就會採取行屍走肉的、隔離壓抑的方式，然後告訴自己：只要不去想，這件事情就不存在。

• 焦慮型的人，比如那些渴望和丈夫「脆弱相對」的妻子，則會用激烈的方式：如果不去想，這件事情就會越來越可怕。

採用行屍走肉的方式，會錯過很多生命的精彩；而採用激烈的方式，則會生活在自設的煉獄中。

行屍走肉們，會封閉在自己的世界裡，希望斷掉連接來保護自己；而激烈的人，則會試圖不斷和別人連接，不斷「找媽找爸」，讓他人來承載自己的痛苦。

無論是哪種情況，都是因為無法承受四大痛苦：挫敗、自我懷疑、羞恥、不知道自己是誰。

除了不斷隔離自己，以及不斷發起自殺式的「找媽找爸」衝鋒以外，有沒有第三種方法，讓我們可以真正完整地存在，可以真正地擁有被肯定、被接納、被陪伴、被認可、被傾聽的感覺？

每個人和自己的「內在小孩」都有一個漫長的和解期。過去，你也許根本不知道他的存在，然而在心理成長的道路上，你會慢慢地發現這個細小的聲音其實統治著你的人生。他決定了你每個職業的選擇、情感中的作為、人生的主題，每次順從他的心意，你的人生總能迎來一次強烈的釋放。

你可以看到，一個人是怎樣從一個個碎片慢慢地把自己拼起來；你可以看到，一個人是怎樣從情感記憶體不足慢慢變得光芒萬丈；你可以看到，一個人是怎樣從種子成長為大樹的整個過程。是的，你可以看到所有的存在感，雖然脆弱，卻是真實的，而且是存在著的。

新鮮感，是和愛的人一起去發現未知的自己

真正地發現自己，是一條永遠都有新鮮感的道路，
因為關於你自己，有太多謎團了。

很多人都會擔心：如果我把一切都給了你，時間久了，我們之間沒有新鮮感了，那你還會愛我嗎？

也許，對女人來說，最可怕的就是有一天丈夫說：對不起，我對你已經沒有新鮮感了，我對你已經沒有當初的感覺了。

那個時刻，似乎是一個女人的末日。你開始成為「歐巴桑」，用中年婦女滄桑的聲音說：「婚姻不過是親情，到最後我們都是親人。」或者，你開始減肥、整容，開始撒嬌裝可愛，開始保持神秘感。

第一種選擇是壓抑：試圖貶低新鮮感的必要，用假裝的成熟替代真實的需要。

第二種選擇是否認：試圖假裝讓自己重新煥發當年的新鮮感，否認自己已年華不再的現實。

壓抑的好處是可以混，混來混去卻發

現，你好不容易壓抑了自己作為一個女人的需要，沒想到男人卻不喜歡忍，他到別處去尋覓新鮮感了。這和減肥一個道理，你說多少大道理，也頂不過胃裡那一陣咕嚕叫。

否認的好處是給自己一個肥皂泡泡，似乎自己還是大有作為的，但問題是，你再返老還童，也難以跟年輕女生比啊。

其實，這兩者的邏輯都是一回事：新鮮感就是口香糖，嚼來嚼去就沒了。

如果是這樣的邏輯，婚姻就不必存在，因為時間一長，新鮮感一過，殺死你婚姻的小三已經上路了。你的人生就是永遠的打地鼠遊戲。如果這樣想，你的人生就走進了死胡同。

其實，不必絕望，我們的新鮮感分兩種。

短期關係的新鮮感：同甘。我們可以一起聊聊天、唱唱歌、跳跳舞、吃吃飯、喝喝酒、旅旅遊、做做愛，什麼好玩玩什麼。我們一起扮演最完美的情人，一起創造人間最極致的快感和高潮。

長期關係的新鮮感：共苦。我們在脆弱、無助、絕望的時候，可以有取暖的和獲得理解、激勵的地方。因為有你的陪伴，我成為更好的自己。

原來粗糙的「直男癌」（指沙文主義的男性）遇到了哭哭啼啼的「豌豆公主」，「直男癌」學會了細膩，而「豌豆公主」擁有了堅強。同甘讓我們找到了完美的感覺，所以這樣的新鮮感就是遊樂場。

而共苦讓我們找到了完整的意義，並提升了彼此面對這個世界的力量和能力。這樣的新鮮感就是練功房。

什麼人需要遊樂場式的新鮮感？什麼人會喜歡練功房式的新鮮感？

- 如果她涉世未深，帶她去走遍海角天涯。
- 如果她飽經滄桑，帶她去坐旋轉木馬。

你想要瞭解這個世界的時候，可以先做一名遊客，走馬看花地看這個世界。但隨著人生閱歷的增長，你開始對這種浮光掠影有些厭倦了，夜夜笙歌的新鮮感，到最後總會因為很累而感覺愛不起來了。

此時，你會問自己，到底人生有什麼意義？我真的需要這些刺激嗎？這時，你就可以走到第二步了。

人活在這個世界上是為了什麼？你放下手機半個小時就知道了。你有什麼感覺？會不會有些無聊？會不會有些焦慮以致不知所措？會不會有一些你不想面對的事情湧上心頭？會不會有些孤獨？會不會覺得空虛？

這就是我們人類的終極課題：孤獨、死亡無意義。

一直以來，我們都用兩種方式來消化這些終極課題。

我們會把這個世界變成一個遊樂場，那裡有數不清的遊樂項目，那我們就不必面對那些麻煩事了。

一個男生，從小到大都要面對可怕的自我指責：「你算什麼東西？」為了對抗這個聲音，他最好的選擇就是馬上成為馬雲，成為這個世界上最厲害的男人，這樣，他才能不被這個聲音打倒。

這是一種妄想。但女人們拯救了他，他可以成為女人的收割者，在一次次情感的圍剿中享受被崇拜的感覺。

在這個追逐新鮮感的遊戲中，藏著一個無價值感的黑洞。他會一直追逐下去，終有一天他會發現自己其實一直在自欺，他一直都在被自我否定的心魔控制著。他想要的，不是所有女人都為他的魅力喝彩，而是自己灰頭土臉、一身是傷的時候，有個女人告訴他：沒關係，就算如此，你也有家。

我們也可以把這個世界變成練功房，那裡有數不清的道具用來修煉自己，這樣我們就可以面對內心的種種挑戰。

當然，你也看到過這樣的故事。一個女生，一生都在努力地風情萬種，讓男人為她失魂落魄，但三十歲以後，她開始害怕，因為回頭率在下降，那些追逐她的男人們，開始轉過頭追求更年輕的女生了。她開始面對自己一直都不敢想的生活：萬一我沒有了外在的美貌，還會有人愛我嗎？

所以很多女人都把自己當成早市上的蔬菜，一定要在最好的時間段以最高的價格把自己賣出去；或者在下午十萬火急地把自己嫁掉，害怕傍晚的時候被扔到單身老女人的那個筐。

在短期關係的新鮮感中掙扎的男女們，不知道這個世界上有另一種新鮮感，那就是走出舒適圈的新鮮感。

這是一種發現自己的新鮮感，一種擁有了面對自己黑暗面的勇氣的新鮮感，一種可以勝任過去無法想像的局面的新鮮感。

當「花花公子」崩潰的時候，他發現，自己真正想要的不是美色，而是有人可以接受毫無魅力的他。他過去一直都生活在必須完美的家庭裡，比如考試成績不是一百分，他便無法忍受母親的眼淚。於是，他就要努力讓媽媽永遠都露出笑臉，但這樣太累了。

他發現，其實自己很恨媽媽，是媽媽的抑鬱剝奪了他原本無憂無慮的童年，所以他才要在情感遊戲中不斷索取，毀滅一個又一個女人，讓她們痛哭流涕，以發洩自己無法向媽媽發洩的憤怒。

當一個女人跟他說：你累嗎？他才真正面對自己的旋轉木馬，是的，他終於知道自己真正要的是什麼了。這是一種睜開眼的新鮮感，一種讓他放鬆的新鮮感，一種讓他踏實地呼吸和存在的新鮮感。他終於可以停止那些無休止的、已經毫無新鮮感的、追求新鮮感的遊戲了。

當然，真正地發現自己，是一條永遠都有新鮮感的道路，因為關於你自己，有太多謎團了。

在十幾年的心理學成長的道路上，我經常會有這樣的感覺，忽然被一種感悟擊中，明白自己原來是如此的感覺。

我記得，第一次發現這樣的新鮮感是在一次意象對話的練習中，我看到一頭熊，它抱住了我，是那麼的溫暖，我眼淚奪眶而出。我已經多年不流淚了，這一哭簡直如洪水氾濫，我跑出教室，一路上，驚訝地發現自己喊著：「媽媽，媽媽……」在那之前，我從未意識到，自己那麼需要媽媽。

那是我第一次和我的「內在小孩」相遇，從一開始的陌生人，到慢慢相熟，我發現了另外一個自己。這些發現，讓我在面對人生種種挑戰的時候，越來越自如地支撐自己走下去。我品嘗到了成長的滋味。這是什麼都無法奪去的安全感。

一個好的心理諮詢師也好，一個好的伴侶也好，因為這些人的存在，你發現了未知的自己，這樣的自己，是永遠有新鮮感的。

沒有出口的親密關係
就如同一潭死水

生活在沒有出口的親密關係中，
於是她的世界就變成了一潭死水。
死水，總是要發臭的。

甘肅有個媽媽殺死了四個孩子，然後自殺。

這種驚悚的新聞總是能洗版。因為它總是和我們預期的親密關係有著巨大的反差。我們預設的世界是這樣的：既然是親密關係，我們就要相親相愛，這才是人間正道。

一個女生，來自缺愛的家庭。

厭棄彼此的人為什麼非要湊合在一起？也許因為這個世界太無聊，唯一的消遣就是各種吐槽和惡毒，才讓他們覺得活著吧。

可是，苦了這孩子。

她努力學習就是為了有一天能離開這樣的家。她努力工作就是為了永遠不要像媽媽那樣不得不依附於男人，沒有能力掌控自己的命運。

她要好工作，也要好男人，她找了一個

看上去最忠誠可靠的男人嫁了。很多人都說，你們不般配，他好醜。她說，可是他有你們不懂的溫柔。

然後就是十年讓人豔羨的婚姻。

這個男人可以整晚讓她把腿放在他身上，可以讓她枕著他的胳膊睡。

他們曾經患難與共。在他遭人陷害、公司瀕臨破產的時候，她赴湯蹈火，殫精竭慮；在他出車禍以後，她在病房徹夜守候，悉心照料；她永遠都是那麼照顧他那可憐的自尊心，從未對他說半個「不」字。

可是這樣的感情，也可以在一夜之間傾覆。他眼都不眨一下地離開了她，愛上了一個交際花，比她各個方面都差了一個層次。

她深受羞辱，一是他出軌，一是他選擇了這樣的出軌對象。

她不明白，十年的夫妻感情，那麼多年的患難與共、生死相依，都不如一時歡愉的誘惑。一個人可以在前一晚說今生你是我的最愛，第二天就跟你說，這些年其實和你在一起都是煎熬。

然後呢？

當然是離婚。

她獨立照料兒子長大，不再相信愛情，只相信血緣之愛。

兒子曾抱著哭泣的她說：「沒關係，有我呢，媽媽，這輩子由我來照顧你吧！」一個九歲的孩子可以說這樣的話。

但十九歲的時候，他卻跟她說：「你就是一個控制狂，我的人生這麼悲慘，都是因為你！」

她的父母拋棄了她，她的丈夫拋棄了她，現在輪到她的兒子了。這個世界還有沒有公理？她還能指望誰呢？

她覺得自己這輩子分成三個階段。

第一個階段，她努力用自己的成績試圖喚回父母臉上的笑容，可是失敗了，父母沉浸在他們的痛苦中，不介意把她當炮灰，甚至會遷怒於她。

第二個階段，她努力經營一段婚姻，還是失敗了，她的丈夫瞬間撕毀了對她來說那麼珍貴的情感，把它扔到髒水桶裡。

第三個階段，她以為唯一可信的就是自己的孩子，但這個孩子就像忘恩負義的白眼狼把她最後的希望撕碎了。

親密關係有兩種：

- 有出口的親密關係。
- 沒有出口的親密關係。

這個女生的一生，都**生活在沒有出口的親密關係中，於是她的世界就變成了一潭死水。**

死水，總是要發臭的。

出口是什麼？

你把人生所有的核心需要都放在一個人身上，還是自己承擔一部分，同時由不同的人來承擔其他的部分？

如果是前者，那麼你的世界就沒有出口；如果是後者，你的人生就是有出口的。是否有出口，決定了你的親密關係的結局。

我們對愛的認識，有兩個層次：

- 嬰兒層次——我沒有愛，愛是別人給我的。
- 成人層次——我有愛的一半，另一半是可以通過和別人一起創造而完成的。

如果你的內在是嬰兒，那麼你的所有重要資源都由父母供給，你一旦被拋棄，就會拼命去尋找下一個供養者。

這個女生的一生，可以叫作「尋找供養者」的一生。換句話就是，寄生蟲尋找宿主的一生。她的人生只有一個任務，那就是找一個可以永遠餵她吃奶的人。她沒有能力自己捕獵。於是，她的出口是封閉的，她找到一個人，就拼命地吸吮對方，或者讓對方吸吮自己，也就是：你和我，都是彼此的唯一，就是全世界。

這是她努力解決過去創傷的方法：自創一個伊甸園，一個大乳房，這樣，她就可以拒絕外面的可怕世界了。

這個女生也許會反駁，說：「我才沒有向這些人索取呢！都是我的父母、我的前夫和我的兒子拼命向我索取！他們才是寄生蟲。」那麼，為什麼要任由他們吸你的血呢？

地鐵上，一個女生向另外一個女生傳授可怕的操控術：我要照顧他到連拉冰箱門的力氣都沒有，這樣他就沒法離開我了。

我們任由對方這樣使用我們，目的只有一個：你不許離開我。但是，一切都像《魔戒》這樣的美國大片一樣，如果你想創建一個完美的純淨的世界，那麼邪惡總會降臨。

為什麼？因為這個世界是由兩種力量組成的。一種是生的力量，就如白天，萬物生長；一種是死的力量，就如夜晚，萬物肅殺。一種是讓我們從無機物變成有機物，一種是讓我們從有機物變成無機物。

愛，有滿足，也有虧空；恨，有釋放，也有壓抑。

人如果不想服從這樣生生滅滅的規律，就會試圖去創造一個非自然的世界。什麼樣的人試圖和天道對抗呢？受過太多創傷、生活在井底的人。

這個女生就是一個例子。她過去生活的環境，讓她早早就得出了一種三觀：這個世界是邪惡的；我是無法抵禦這些邪惡的；如果找不到供養者，我不如去死。

在這種三觀的指導下，她走入「自我驗證」的體系當中。舉目望去，到處都是出軌的男人，身邊的姐妹們都是重災區，她如何相信這個世界不是可怕的。

一次次的情感創傷會真實地提醒她，有希望才是一種愚蠢和傻天真。而如果用各種情感操控，會讓她感覺到自己多麼的強大。

但事實上，她只是看到了自己能看到的世界，就像是井底之蛙，看到的只有它能看到的那部分天空而已。

她想把所有的醜惡都鎖在外面的時候，她的世界就會成為最髒的地方。為了永遠擁有這個男人，她總是要小心設防、步步為營，讓這個男人不斷依附於她。一開始這個男人會感覺到在如此強大的「媽媽」面前是何等幸福，但享受到這一切之後，他開始想另外一件事：我的自我呢？這一切都來自我老婆，我作為一個男人的事業、成就和自尊心在哪裡？

同樣，她的兒子也會想：我也想到外面的世界看看，我也想要變成強大的男人。

融合和分化，就像生和死一樣，都是我們生命中的兩大需要。

如果我們在融合的過程中受過傷害，就會非常害怕分化，就像這個女生，她最害怕的就是分離，因為她從未從分離中獲益。

如果我們在分化的過程中受過傷害，就會非常害怕融合，就像是她身邊的這兩個男人，他們可以在融合中獲益，但在面對外在世界的時候，他們會發現自己孱弱如螳臂當車。這個時候，他們就會本能地把所有的受挫感都扔在這個「萬能的媽媽」這裡。

在融合的世界裡，是不允許有任何攻擊、任何邪惡存在的，所以在這個封閉中存在的生物，都已經無法真正適應充滿細菌的外界了。

融合的世界無法容納日益分離的需要，於是所有原始的恨都會由此誕生。

這個女生因為無法消化對父母的恨意，所以試圖用愛來撲滅恨的火苗，試圖生活在遠離恨意的世界，來逃避恨意對她的糾纏，但最終她發現，恨意就像是死神一樣無法逃避。

她身邊的這兩個男人，無法消化過多的愛，因為過多的愛讓他們無法找到自我，所以他們就用恨來拒絕愛，用最惡毒的方式逼退對方的愛，只有這樣，他們才感覺到自己的存在，才能喘一口氣。

或者說，他們隱約能感覺到愛的背後有一種惡意，有一種恨意。這種恨意就是：為什麼你們不能像我愛你們一樣來愛我？或者是：當我這麼愛你們以後，你們就必須愛我；你們不能離開我，不能拋棄我，你們必須也像我愛你們一樣沒有自我地愛我！

很多時候，我們需要三場愛，才能真正體驗到真愛。

第一場愛的劇碼叫作幻想：我們會對自己說，缺哪兒補哪兒，找個愛我的人，我就可以痊癒了。對這個世界的態度是：我打不過你，我先折服，等我將來找到好人，我就可以打敗你了。我們都以為自己是童話裡的灰姑娘，會遇到貴人，幫自己打敗命運這個後母。

第二場愛的劇碼叫作幻滅：原來找不到人來給我補償啊，所以我先忍著，以後找人給我補虧空。對這個世界的態度是：沒天理啊，所謂的貴人，其實也是老巫婆啊！這時候，我們有兩個選擇：是繼續找一個人給我整個世界呢，還是要進入現實的世界讓自己學會捕獵的能力呢？

第三場愛的劇碼叫作重生：我要找個對的人，來幫我提升消化痛苦的能力。對這個世界的態度是：我開始完成對世界的哀悼，開始學會如何在現實世界中生存，而非繼續搭建自己的幻想之塔。

我們需要幻想，因為我們需要生命這粒苦藥的糖衣；我們需要幻滅，因為我們需要知道什麼才是天道；我們需要重生，就是真正地尋找一個消化痛苦的容器來幫自己痊癒，跳出方寸天地，看到更大的世界。

往往在第三階段，很多人才會尋求心理諮詢。這個時候，我會讓他們看看自己的「內在小孩」。很多人會看到一個衣衫襤褸的小孩子，在曠野裡流浪了很多年，卻無人理睬。

我問來訪者：你看到自己的「內在小孩」了，什麼感覺？

他們一般都會這樣說：我很厭惡，我想遠離他，我很討厭他……

這就是生命的真相。

為什麼所有人都會離開你？因為你不知道自己有多麼討厭，你也不知道自己有多麼討厭自己。

當年，你必須討厭那樣的自己，才能活下來，因為你沒有能力抱著那樣的你，你必須忘掉如此可憐的自己，披上各種華麗的外衣，才能活下去。最終，你變成了你最討厭的父母的樣子，就像他們對待你一樣，對待你自己。

如果你無法靠近自己、驅逐內在的自我，那麼你在外在如何尋求他人靠近，這不是緣木求魚嗎？你的人生就會變成一場場騙局，因為真相是：你拒絕愛自己。

當真正有那麼一瞬間我們可以毫無障礙地擁抱自己的「內在小孩」時，我們的光輝會在那一刻綻放。一個人的改變，就從那一瞬間開始。

我們的一生，是說服自己愛自己的一生，而不是說服別人愛自己的一生。

在那一刻，我們才能開始欣賞人生所有的不幸、所有的惡毒、所有的恨意。我們才會明白，所有的善意都來自滿足，所有的惡意都來自不滿足。

不敢表達恨，是我們情感世界最大的坑

人和人的關係，實在有太多的「假性親密關係」，
我們不敢去愛，也不敢去恨。
心理圈裡曾有一場網路論戰。

起因是一位心理諮詢師在網路上發了一段文字，引起心理健康教育與諮詢中心總督導、教授徐凱文的不同看法。

心理諮詢師在網路中說：「有的父母總是逮到雞毛蒜皮的事就反覆攻擊羞辱孩子，鬧得好像天大的事一樣，因為這樣逼瘋孩子，會感受到放鬆舒爽，跟吸毒成癮差不多。當孩子被洗腦附體開始實施自殘自殺行為時，是媽媽達到巔峰快感的時刻，看著孩子掌摑自己、刀割自己，會控制不住嘴角上揚，會心一笑。」

再看教授的評論，他說：「不懂裝懂最誤人。」

這激起了心理諮詢師的不悅，她說：「我很好奇，作為心理學博士，遇到不同觀點，為什麼不是講出自己的觀察思考推理呢？」

教授回覆：「抱歉此前評論嚴厲了些，不

能同意你的觀點，誤人子弟，太過極端。」

然後，他寫了兩篇長文，一篇主要說他二十年的諮詢生涯，從未見過父母會恨孩子。另一篇從諮詢的倫理督導層面，告誡諮詢師要謹言慎行，一旦觸及大眾的心理創傷層面，內心的創傷被喚起，會一發不可收拾。

隨後，有一位心理學老師用另一篇長文，肯定了教授的學術水準，但不認可其觀點，證明父母對孩子的確是有恨的。

如果愛恨情仇是人的基本情緒，那為什麼父母對孩子就缺失了「恨」？如果缺失了「恨」，孩子是從哪裡學會這種情緒的？（關於父母恨孩子的更多例子，可查看文末小知識。）

父母「恨」孩子，到底有多可怕？

宣揚「恨」，真的會引發更多的「恨」嗎？

這一系列問題都非常有趣，以至於我也想在此說說。

愛恨有正負之分

愛與恨，是人類最基本的兩種情緒。幾乎所有情緒都可以歸於這兩種類別。我的理解是，這場論戰的核心在於愛與恨對我們的影響。

英國精神分析學家比昂說過，愛和恨都有正負之分：「+愛」，「-愛」，「+恨」，「-恨」。

諮詢中，我問來訪者：「你覺得你爸媽愛你嗎？」

來訪者：「愛啊，我爸爸天天忙工作，拼死拼活維持家裡生計，沒有他，我根本上不了大學。媽媽帶我們四個兄弟姐妹，身體都被拖垮了，很多時候，我不得不替她去田裡收割。」

我：「如果有『但是』，你會說什麼？」

來訪者：「但是，爸爸經常揍我，多是因為我學習不好；媽媽常跟我說她的痛苦，希望我多理解她，爸爸覺得她太嘮叨不願意聽。我不能拒絕媽媽，如果拒絕，我擔心她身體會更差；可當我想讓她聽我說的時候，她總會說『你不要給媽媽添麻煩了……』。」

這裡面的愛，是正還是負，區別就在於是否把人物化了。

一個貧寒之家為了能生存下去，沒有條件談人權，必須被物化。

被工作和家庭折磨得精疲力盡的父母，需要孩子承受他們所不能承受的，做他們的傾訴對象和洩憤工具，這樣，這個家才能勉強維持下去。

你無法要求生活在貧困線上的父母能給孩子多麼強大的情感支持，因為他們自己都自顧不暇。

被物化的愛，就是負的；被當作一個「人」看待的愛，就是正的。

所謂的「我都是為你好」這樣的愛，往往都是負的。一旦共情（指同理心）的需要是單向的，那麼這樣的愛往往就是負值。

「我都是為你好」

很多一九八〇年後出生的人都有這樣的體驗，父母往往風裡來雨裡去，含辛茹苦省下錢給孩子買鋼琴，送各種才藝班，他們真的很愛孩子。可他們愛的，不是作為一個「人」的孩子，而是作為一個「物體」的孩子。

什麼意思？因為他們從未問過孩子：你喜歡鋼琴嗎？你想要的是什麼？

這樣的愛，就是「母嬰」之愛——我們所有人都需要這樣的愛，但這樣的愛，不是愛的全部。

當我們是嬰兒的時候，我們的愛，都是負的。

作為嬰兒，如果我想拉尿、喝奶，我才不管媽媽晚上起床幾次，我才不管爸媽剛吵完架，我才不管媽媽正在產後抑鬱階段，我就是要吃喝拉撒，你們必須馬上滿足，否則我就哭哭哭！

之後，我們才開始社會化。我們需要很多挫折，把自己和他人當成獨立的個體區別看待。但如果這種挫折超過了我們的承受範圍，就會形成假性自我——我們會變成「孔融讓梨」提倡的那種乖孩子，看起來過度早熟，但內心還是嬰兒。

這樣的我們會安然度過少年時代，直到進入親密關係，內心中的嬰兒本質會暴露出來，要求他人滿足。此時我們就會轉向自己的孩子，用一句「我都是為你好」，把「吸管」插到孩子身上……

殘酷嗎？我不認為。

你如果在《動物世界》裡看到獅子捕獵羚羊，可能會覺得羚羊很可憐。但你要知道，吃不到羚羊，獅子會被餓死，它就不可憐嗎？就是因為它長了鋒利的牙，就不能被同情嗎？

在「物化」的世界，是不存在「殘酷」這樣的詞的，只有「生存」。而「生存」要比「殘酷」更根本性地決定我們的行為。

「+恨」vs「-恨」

我問來訪者：「你的爸爸打你，媽媽強迫你聽她絮叨，你恨他們嗎？」

來訪者：「不，我很愛他們，他們那麼不容易，我怎麼能恨他們。」

我：「也就是說，如果他們不辛苦，你就能恨他們了？你並不是沒有恨，你是不能恨、不忍恨？」

來訪者：「是的。」

我：「如果你恨了他們，會發生什麼？」

來訪者：「我爸爸就會毀了我，我就會毀了我媽媽。」

到底什麼是恨呢？恨就是需要不被滿足的時候，或遭遇入侵的時候，我們想要排除掉的不悅感的趨向。

沒有人喜歡被爸爸打，沒有人喜歡聽媽媽嘮叨，沒有人喜歡自己需要被理解的時候卻遭受指責、無視和誤解。

當我們想要對方調整的時候，我們其實是要挑戰對方的。如果這種挑戰不能被環境容納，反而會導致更糟糕的打擊和更惡劣的結果，我們就必須忍受這種痛苦。

在諮詢室裡，我看到大量對自己空前指責的來訪者，因為**他們的恨不能被接納，他們轉而攻擊自己，希望自己更強大，更沒有依戀的需要，更不需要他人的理解，不需要愛。**

他們的關係如此脆弱，以至於不得不給自己構建一個美好的幻想：我父母都是愛我的，他們也不容易，他們需要我更多的愛。

禁不起表達恨的愛，實在太脆弱。

這就是之前教授提到當今社會盛行「空心病」的原因——人和人的關係，實在有太多的

「假性親密關係」，我們不敢去愛，也不敢去恨。

因為我們怕一旦拿出真正的自我，這個關係就會摧枯拉朽一樣被毀滅。

「我不能表達恨」

很多的媽寶男和婆媳矛盾會出現，都是因為「不能表達恨」。

很多女人不明白，為什麼一說到自己的母親，男人會擺出為國家奉獻終生的革命姿態——我媽說的，都是對的；我媽不容易，你必須順著我媽！你和我媽掉到水裡？當然是救我媽啊！

媽寶男的養成，就像那個來訪者表達的：對爸爸表達恨或攻擊，我會被爸爸毀掉；對媽媽表達恨或攻擊，我會毀掉媽媽。

無論是毀人還是被毀，都是無法接受的。於是，很多媽寶男會找一個充滿戰鬥精神的女人來鬥媽媽，或者找一個瘋狂的小三來鬥妻子。他們會對長官唯命是從，但總會壞長官的事。

這就叫被動攻擊，或李代桃僵。

因為，沒有人願意生活在永遠被爸爸欺負的世界裡，也沒有人願意生活在要永遠滿足媽媽願望的世界裡。

每個人，都想成為一個「人」。

如果正面表達恨的方式無法實現，我們就會用負面的方式表達；不能向外表達，我們就只能向內或者換個方式迂迴地表達。

我看過一個電影，因為很多矛盾分道揚鑣的兩兄弟，最後在拳擊場上相遇，彼此打成豬頭，最終兩個人緊緊擁抱，那叫一個愛。

在女性世界裡，掃地不傷螻蟻命是愛；在男性世界裡，不打不成交是愛。

問題在於，如果我們的環境太艱苦，我們就無法實現「+愛」和「+恨」的轉換，而長期滯留在「-愛」和「-恨」的世界裡。

我們看到太多人沉浸在對父母、對伴侶、對孩子、對世界的仇恨裡，因為他們不敢承認自己是有愛的。

真實，比愛恨更重要

一個來訪者不斷傾訴對父母的仇恨，無窮無盡地說著。直到我說：「也許你想要的，就是讓媽媽好好抱抱你。」她愣住了，眼淚流了下來。

有的來訪者對我說：「我可以攻擊你嗎？我可以拒絕你嗎？我可以說你剛才說我的我毫無感覺嗎？」

他們都在嘗試走出舒適區，嘗試發展曾經停滯的自我，嘗試去發展「+愛」和「+恨」。當他們表達出太多「-愛」和「-恨」時，我都無法承受了，我有時會失去諮詢師的位置，和他們一起陷進去，然後好不容易我爬上岸，告訴他們：剛才，我也掉進去了，我那時候沒有沉住氣。

來訪者說：「我喜歡你掉進去，我從沒想發展什麼正能量的愛和恨，我只覺得剛才失控時候的你很真實，我想要的，就是真實的你。」

對，那一刻，我不是諮詢師，我是一個「人」；對方也不是來訪者，他也是一個「人」。沒有誘惑的深情，沒有敵意的堅決。我相信是那些相遇，我與你的相遇決定了什麼發生，而不是其他。而這種真實，可能會比愛和恨更重要，因為它是原初的、沒有被扭曲或加工過的。我們人生太多的問題，都是因為沒有條件去「真實」。

如果有條件去「真實」，也會更有生命力。

小知識：「母親都是恨嬰兒的」

著名的客體關係大師溫尼科特，列舉了十八條母親恨嬰兒的原因，我發現，將這些原因放在父母雙方和大一些的孩子身上，很多是同樣適用的：

- 嬰兒（孩子）不是她自己心中設想的那樣。
- 養育嬰兒（孩子）不是童年的遊戲，爸爸、哥哥也不像我一樣地對待孩子。
- 嬰兒（孩子）的出生一點也不具備浪漫和神話色彩。
- 懷孕和生產的時候，嬰兒（孩子）對她的身體來說存在危害。
- 嬰兒（孩子）妨礙了她的私人生活，對自己全神貫注做事也是個挑戰。
- 生孩子是為了安撫自己，因為她或多或少會需要一個孩子。
- 嬰兒（孩子）傷害了她的乳頭，甚至被咬破流血。
- 嬰兒（孩子）是無情的，對待她就像對待一個下等人，一個不領取報酬的僕人，一個奴隸。
- 從一開始她彷彿就只能愛嬰兒（孩子）、愛他的排泄物及愛他所有的東西。
- 嬰兒（孩子）總是設法傷害她，週期性地咬她。
- 嬰兒（孩子）表現出不再信任和眷戀她，還會嫌棄她。
- 嬰兒（孩子）得到了他想要的東西，就把她像垃圾一樣扔掉，不再理她。

- 嬰兒（孩子）一開始肯定至高無上，他必須被保護免於意外，生活必須以嬰兒的步調進行，所有這些都需要母親不斷周到地學習。
- 最初嬰兒（孩子）一點也不知道她所做的事，或她為他做的犧牲。
- 嬰兒（孩子）有時候拒絕她給予的食物，使她懷疑她自己，與此同時嬰兒卻吃其他人給的食物。
- 明明她和嬰兒（孩子）一起出門，度過了一個糟糕的上午，而嬰兒向一個陌生人微笑，陌生人就說「他多可愛啊」。
- 如果她從一開始就拋棄或疏忽了嬰兒（孩子），她知道嬰兒（孩子）將永遠報復她。
- 嬰兒（孩子）使她興奮，但也使她感到受挫——他並不屬於她。

想跟老公談個心，先等10000000000萬年

這是一種幻想：男人永遠如山一樣，
可以永遠給女人提供愛；
女人永遠像水一樣，可以永遠給男人提供崇拜。

基本上，很多「直男」（指典型男人）對感情的態度，一言以蔽之：簡單主義——想那麼多幹嗎？

- 如果不想，就沒有問題，問題都是想出來的！
- 讓時間慢慢療癒！
- 如果你不總是撕開傷口看，那它就會自己痊癒的！
- 學了心理學，你變得更神經兮兮了！

- 很多「直女」（指典型女人）對感情的看法，一言以蔽之：擴散主義——不想多了，我會死的。
- 如果不多想，問題就會像癌細胞一樣瘋長！
- 老師說了：「如果你愛一個人，就會頻頻用眼光注視對方。」他今天一天都沒怎麼正眼看我……

• 他剛才說話有一停頓，是不是咽下去什麼話了？
• 他為什麼沒有回覆我？已經過了十分鐘了。
• 為什麼他的電話在占線？
• 今天他睡覺的時候沒有抱我，還穿上了睡褲，以前他都是裸睡的……

在女人的眼裡，這種簡單粗暴意味著他已經不愛我了。

在男人的眼裡，這種婆婆媽媽，意味著她已經不看好我了。

這個世界上百分之八十的「渣男」、「渣女」，都是自己製造出來的。如果你情商足夠低，對異性和自己也不理解，說話只說表面，那麼你一定會製造出一段充滿眼淚和痛苦的關係。

很多女人不理解，為什麼男人不愛談感情？

其實，男人很愛談感情，他跟紅顏知己不知道說了多少心裡話。他可會表達了。但是為什麼到了自己妻子這裡他就變成頑固不化了？

一個很簡單的道理：男人喜歡上位，女人喜歡下位。男人喜歡競爭，女人喜歡合作。這裡請注意了，我說的男人和女人是指男性思維和女性思維，不是性別上的男女。在中性時代，很多男人是女性思維，很多女人是男性思維。

為什麼男人喜歡競爭？因為競爭可以給男人帶來「上位感」：男人的世界，就是一個戰場，他們一生要努力迴避的就是脆弱。一旦脆弱了，他們就陷入可怕的「三無」狀態中，無望、無助、無價值。

在人類的進化史上，男人一直扮演戰士角色，戰士是不能示弱的，不能跟老虎進行心靈溝通，能決定生死的就是誰強大。誰強大，誰就能活下來。

女人一直扮演後勤角色，是不能逞強的，因為在女人的營地裡最重要的不是鬥爭，而是合作。假如你生病了，你家孩子誰來帶？還不是隔壁帳篷裡的大嬸？一個孩子的長大，需要全村人的努力，人緣不好，對女人來說就是死路。

所以，男人最怕的就是被否定，被看不起；女人最怕的，就是不被歡迎，不被喜歡。

一段失敗的對話，一定包含這兩個元素：男人的面子被毀了，女人的親密感被破壞了。

為什麼男人不愛跟你談感情？為什麼你們的關係走到了「男默女淚」的境地？一句話：彼此的核心需要都沒有得到實現，自然就無法對話下去。

在所有情感的開始，我們都會有一種幻想：男人永遠如山一樣，可以永遠給女人提供愛；女人永遠像水一樣，可以永遠給男人提供崇拜。

但事實上，誰都不是神。一旦我們都想扮演神的時候，我們的關係就難以維繫了。

我們來看看這段對話。

女人：「為什麼你可以和她聊得那麼開心、無話不說，到了我這裡就總是沉默？」

男人：「我們那時候在談戀愛。」

女人：「那我們現在再談戀愛吧？」

男人：……

女人：「為什麼你不願意和我談戀愛？你是不是不愛我了？不愛我了為什麼還要回來？」

男人：……

這種談話，叫作「壁咚式」的談話：女人步步緊逼，男人退無可退。

這種談話，一般有這樣的特點：

- 一定有很多問號。
- 一定有很多怨氣。

為什麼有很多問號？因為女方不認為自己有錯，認為錯都在對方；或者認為就算我有錯了，你錯得更多，更嚴重。所以，女方是老師，男方變成了學生，男方要寫一萬字的悔過書才能過關。這樣的談話叫審問，不叫談感情。

那麼，為什麼女方不認為自己有錯呢？因為她把男方當成責任方，而自己則是無責任方，她相信男人是神，人犯錯，猶可恕，神犯錯，不可饒。

於是她就有這個邏輯：你忠誠就是男人，不忠誠就不是男人。男人是負責打獵的，如果男人把獵物給了別的女人，就是男人的錯；女人是在家照顧孩子的，如果女人沒照顧好孩子，那是女人的錯。

這樣的邏輯，就是生活在原始部落時代的邏輯：男人負責資源，女人負責經營。女人總是把男人當成愛的提供方，自己則是愛的接收方。你愛不愛我？你離不離婚？這些重大問題，都是男人來做決定。女人不是決定的制定者，只是決定的執行者。

這種思維模式的好處在於省力，壞處在於費力。省下的力氣，都用在糾結和焦慮上了。

正面溝通時，男女雙方的核心需要都會得到滿足；而負面溝通時，大家的核心需要都是被踐踏的。

如果我們的人生有了一些閱歷，就會發現，**傷害我們的不是別人，而是自己很多的「想當然」、「自以為是」和「不假思索」。**

一場觸及心靈的對話，一定要包括四個元素：

- 懂得彼此的核心需要。
- 確定自己在關係中的角色。
- 營造安全的溝通氛圍。
- 足夠的話術和溝通技巧。

事實證明，只要你肯用心、用腦、投入，沒有永遠沉默的男人，也沒有永遠哭泣的女人。

男人不說，是因為他們害怕這場對話贏不了。

女人總是說很多，是因為她們完全被自己的恐懼抓住，忘記了自己也是有力量的強者。

第2章

為什麼女人在婚姻中活得這麼累

你缺什麼，
就會在親密關係中期待什麼

我需要一艘永遠不會沉的船，
因為我害怕面對分離、喪失和孤獨終老。

婚姻可以很強大，比如一段婚姻可以任由一個男人吃喝嫖賭、無所事事都能勉強維持；婚姻也可以很脆弱，忽然有一天，一件小事就可以讓這一切付之東流，比如妻子看到了丈夫給小三發的短信，裡面的深情款款是她這輩子夢寐以求、卻又求之不得的，她本以為丈夫根本沒有能力愛，沒想到他其實是個情種，只是這份柔情不在她身上而已。

決定一段感情生死的，到底是什麼？一言以蔽之：潛規則。

有潛規則，就會有顯規則。

在諮詢中，我會問：「你愛他什麼？」一般都是這樣的回答：「我愛他上進，我愛他帥，我愛他穩重，我喜歡不說話的男人，他很聰明，他很好玩，他家境好……」

這些都是顯規則。

潛規則是隱藏起來的，不為所見，卻是決定一段感情生死的關鍵。

只要我問一句：「你為什麼會喜歡上進的男人？為什麼他很好玩，那麼惹你愛？」潛規則就會暴露出來。

可惜，太多的關係從來不問「為什麼」。沒有「為什麼」的世界很太平，就像流水線一樣的生活，你根本不用動腦筋，就會隨波逐流地活下去一樣，就像一群沒有天敵的袋鼠，在澳大利亞的草原上盡情狂奔。

可是沒有「為什麼」的世界也很可怕，因為一旦天敵到來，環境改變，你的苦日子就來了。沒有水的時候，魚就要問自己：我為什麼沒有肺？我為什麼不是兩棲動物？

但為時已晚。

為什麼呢？

「我從小最大的志願，就是長大了，一定要找個和我爸爸完全不一樣的男人。」

我問：「你爸爸怎麼了？」

「他連自己的老婆孩子都養活不了，做什麼工作都是三分鐘熱度，換了無數的公司，錢越來越少。我清晰地記得，小時候和我媽一起到親戚家借錢的日子。」

我問：「為什麼你要跟你媽去借錢？」

「媽媽說，如果帶上我，親戚更容易借錢給我們。」她接著說，「他自己怕丟臉，就捨得讓我們母女倆丟臉！所以我一定要找一個有能力的、真正願意投入到事業上，而非麻將桌上的男人！」

我看向對方：「那麼，你的老公是這樣的人嗎？」

「是的，可是他太極端了，他只有工作，沒有生活，只有事業，沒有婚姻。」

我問：「你們的婚姻有多少年了？」

「二十年了。」

我接著說：「你在什麼時候，開始覺得沒辦法過了？」

「去年。」

我問：「那麼前十九年，你給這樣的關係打多少分呢？」

「六十分到七十分之間吧。」

我問：「為什麼去年忽然覺得不能忍了呢？」

「因為他過不下去了，他說自己已經找到一個可以讓他有生活的女人，他不喜歡這樣沒有『鹽味』的生活，不喜歡總是我靠著他，他覺得太累了。」

我問：「那麼，為什麼他現在才覺得累呢？以前為什麼沒有覺得呢？」

現在輪到她老公開口了：

其實當年我喜歡她，就是因為她有一種我見猶憐、楚楚動人的感覺。我為什麼喜歡她這一點呢？可能因為我的原生家庭就有這個特點：男人很強大，女人很柔弱。我爸獨當一面，我媽完全服從。他們很恩愛，很美好。我一直都覺得他們是我學習的榜樣。

但是……現在我開始明白，為什麼我爸看上去總是不快樂了。

雖然整個家族都給他非常高的讚譽——他養活了上百口子的親戚朋友，但是他沒有自己的生活。我現在才發現，我根本沒有接近過我的爸爸，他太孤獨了。

我前半生所有的努力，都是想要追上他、超越他，最後當我和他「並肩而行」的時候，我才明白過去他總是不希望我那麼出色的原因——他不想讓他的兒子再過他的生活。

這是我父親去世多年後，我才明白的道理。最遺憾的是，當我明白了他的苦心之後，卻沒有機會再和他談談了……

潛規則就是我們的「期待」。

一個女人從小目睹父親的無能讓全家蒙羞，於是她想要在自己的親密關係中完成一次蛻變：我要找到一個和爸爸相反的男人。

這個男人呢？也想要成為一個超越父親的男人，他覺得父親一直都阻止兒子成為像他一樣的男人，於是他找到了一個可以給他全部崇拜的女人。

他們的顯規則是：你做超級爸爸，我做乖乖兒女。**潛規則是真正的「渴望」。**

當這個男人終於超越爸爸，當這個女人終於享受到衣食無憂的生活，他們的「表層需要」就已經得到滿足，此時，「深層需要」開始蠢蠢欲動。

什麼是「深層需要」？

「深層需要」，就是完成父母未能完成的整合。

在他們的原生家庭裡，都有未完成的事情：女人的父母無法接受女人強大，男人的父母無法容忍男人弱小。

當我們無法接受自己強大的時候，就傾向於找強大的伴侶；當我們無法接受自己弱小的時候，就會對小鳥依人的感覺無法拒絕。

這種對自己弱勢功能深深的不接納，就是一枚定時炸彈，它會在未來的某個時間段被各種無常的變化引爆。就像是沒有長出肺的魚，永遠都生活在危機中——沒有水了怎麼辦？

當我們的「表層需要」已經被徹底滿足了，或者無法被滿足的時候，就是炸彈引爆之時。就算是形同虛設的婚姻，也有它的潛規則，那個潛規則，還是我們的「表層需要」：我需要一艘永遠不會沉的船，因為我害怕面對分離、喪失和孤獨終老。

如果我們從進化心理學的角度來看一段關係，可能要比從道德角度，更清晰一段關係的走向。

當我們的遊戲規則無法和環境變化、我們自身的改變相匹配的時候，當生產關係無法適應生產力發展的時候，就是變革的開始。

「我想要更多」以及「我受不了」的感覺，都會讓我們無法維持過去的「表層關係」。這個時候，考驗的就是我們的人格水準的「彈性」。

就像進化樹上一開始有很多種生物，慢慢地有些枝幹就斷掉了，有些枝幹不斷延伸。有些生物一輩子只能活在一種環境中，只能用腮呼吸，只能活在某個水溫範圍內，只能吃一種食物，當改變來臨時只有一種選擇：去死。有些生物則開始進化，開始努力長出肺，努力適應沒有水的生活，讓枝幹繼續延伸下去，贏得更多的主動權。

我們每個人，一生也都在進化。

一直到今天，我們就是這樣努力適應，進行各種創造性改變，改變各種遊戲規則，讓自己倖存下來的。

今天，女人不靠婚姻維持生存了，不靠養孩子換取糧食了。

人類依然在進化當中。

在未來，可以確定的是，像「直男癌」、「聖母女」、「渣男」這樣的男女，可能會慢慢被淘汰，因為他們的存在，要麼不再適應不斷進化的情感世界，要麼其歷史作用會慢慢地降低。

比如「渣男」對這個時代的貢獻，就是讓很多女人學會了腳踏實地活下去，或者逼迫很多幻想中的女人面對現實。他們的破壞，帶來我們對親密關係的反思和深刻理解。

在一個解構的年代，他們的歷史意義是很重要的。在一個建構的年代，比如女人沒有那麼缺愛了，大家的情商不斷提升的時候，他們就沒法蠱惑「未成年」的成年人了。這時候，就是這個族群慢慢衰落的時候。

時代，有時代的潛規則，每個人又有每個人的潛規則，這些規則都指向一個字：中。

這個「中」字，其實意味著一種恰到好處的親密關係和人生觀，意味著你需要整合過去生命中無法整合的東西。

比如：我需要一個強大的男人，但是不是意味著我自己就不能強大？為什麼女人不能自我強大呢？

比如：我想成為一個強大的、為他人所需的男人，然而是不是意味著我一輩子都要做「雷鋒」，成為「大母神」，餵養我身邊所有人？是不是我也可以擁有我自己的生活？是不是我也可以跟其他人提出需要？

這個「中」就意味著新陳代謝的平衡，意味著施與受、自我與他人、個人與世界、愛與恨的動態平衡。

- 所有極端，都必然會在某個時間段崩盤。
- 所有不平衡，都必然會在某個點上反彈。
- 所有幻想，都要以接地氣告終。
- 所有獲得，都要支付相等的代價。

• 所有的人，都逃避不了進化、改變和適應。

這一切真正的改變，發生在我們退無可退、忍無可忍的時候。沒有足夠的疼痛，我們不會改；沒有足夠的危機，我們不會改；沒有足夠的空間，我們也不會改。

這個世界上所有的領悟，必然要痛徹心扉；所有規則的更替，都需要付出必死的勇氣。

你唯一能決定的，就是什麼時候，捅破這層窗戶紙。

也許，這也不是你能決定的。

不想佔便宜，你的婚姻才能持久

一個人成熟與不成熟就看一個指標：
他有沒有內化父母的愛。

什麼是佔便宜？

佔便宜就是人生的逆轉，不是靠自己的本事，而是靠別人的本事。

《灰姑娘》就是一個佔便宜的故事。灰姑娘憑藉外掛神仙的幫助，戰勝了現實。童話故事的結局往往是美好的，但在現實中，灰姑娘翻身是小機率事件。當我們有了一定的理性以後，就會瞭解到，那終究只是幻想而已，不能當一回事。

可是在情感中，我們卻試圖把它變成wonderland（仙境）。為什麼我們在情感中喜歡做夢和幻想呢？

第一個原因是：慣的——未曾吃過虧，以為情感可以佔便宜。

舉個例子。一個小孩，在家裡調皮搗蛋，但在幼稚園是遵守規則的好孩子。為什麼？如果他在幼稚園還拿出在家裡的那套，對老師和同學是不管用的，他自然就吃虧了，然後就學會了尊重現實。

所以他學會了兩套系統，在家裡，他執行童話的系統；在學校，他執行現實的系統。當他走入婚姻的時候，他也會如此分區。

第二個原因是：傷的——吃了太多的虧，所以幻想佔點便宜。

為什麼有的老人喜歡「碰瓷」？只要調查一下就會發現，這些老人的幸福感往往是很低的。他們往往會有這樣的心態：我吃了一輩子的虧，太虧了，我要撈回來一些。還有另一種人，比如灰姑娘那樣的女孩，她們也是吃了太多的虧，是什麼讓她們可以堅持在父母的冷漠中存活下來？就是她們的幻想。

一個人幻想能力越強，越說明他在現實中乏善可陳，甚至充滿創傷，如果有人可以理解和安撫他，他不至於啟動幻想這樣的防禦機制。

情感中大概有這樣四個童話。

第一個童話：只要我發願，會有一個人把我從灰姑娘變成公主。

小A，遇到了B先生，在他的注視下，她覺得自己如盛裝出席於華美的舞會上一樣，成為世界上最閃耀的發光體。

最終當情感結束的時候，她發現痛苦的事情在等著她：她甚至無法容忍自己原來灰姑娘待的地下室了。一個做過公主的女孩如何忍受這樣的灰暗世界？可是她只是月亮而已，當太陽不再照耀她的時候，她的世界就陷入了更加難以忍受的黑暗之中。

第二個童話：只要我發願，會有一個人永遠始終如一地為我負責。

小C遇到了D先生，他一直都是那麼體貼、珍愛她，開車接送，煎炒烹炸為她做盡美食，為他們的孩子鞍前馬後，是人見人愛的特號好男人。可是有一天他說，我累了，我不想這麼照顧你了，我也想有人照顧，我對你仁至義盡了。此後，她發現自己像被豢養的小貓，已經沒有生活能力了。

第三個童話：只要我做個好孩子，他就永遠會愛著我。

小E，遇到了F先生，她極盡聖母之能，甚至他出軌的時候，她還怕他被其他女人騙，還想要保護他。她是人人稱道的好妻子，連F先生都說，我想找個理由和你離婚都很牽強，也許唯一能找到的理由就是你太完美了，在你這樣無懈可擊的人面前，我沒有存在感。

第四個童話：只要我足夠努力，愛就會一直在。

小G，是一個努力成長的女孩，因為婚姻出了問題，她開始一哭二鬧三上吊，逼迫對方就範，花了很多時間做心理諮詢，參加各種課程，性情大變。但老公還是決絕地要離開她，她很悲傷：我都改變了這麼多，為什麼你還要離開我？

因為現實不是你建構的，不是你抱著美好願望、努力做個好人或者努力成長就一定會給你同等回報，現實有現實的規律，童話有童話的規律。相對來說，童話的規律主要就是簡單和省力。我們當然會情不自禁地喜歡童話。

我們該如何從童話中夢醒呢？

一般來說，一個人成熟與不成熟就看一個指標：他有沒有內化父母的愛。往往我們會看到這樣的現象，**那些父母所愛的孩子，長大以後未必很黏父母；那些父母所忽視的孩子，長大以後反而常常會和父母糾纏不清。**這是為什麼呢？

我們的愛，其實分為兩個階段。

第一個階段，我們是外化他人的愛的。

此時，我們是一體的，就如同嬰兒和媽媽的關係，兩者難分難解。對嬰兒來說，媽媽就是全部；對媽媽來說，嬰兒就是她的全部。如果對方不在自己身邊，就會悵然若失。

很多人分手後有這樣的痛苦：我感覺自己的一部分離自己而去，甚至感覺自己的靈魂已經被他帶走了，只剩下一具軀殼。這樣的愛，自然是激情無限的，彼此的邊界都消失了。

第二階段，我們是可以內化他人的愛的。

此時，我們開始發現，我們不再是彼此的一切。媽媽還有爸爸，而小嬰兒還有其他的小夥伴。世界這麼大，想四處看看。

此時很多小孩會嘗試爬著離開父母，然後回頭看看父母是否還在。然後慢慢地父母可以在另一個房間，而孩子也可以安之若素，因為他的內在可以有一種父母愛他的畫面存在。這種客體的恒常性與穩定性，決定了一個人一生的安全感。

父母如何安撫我們，長大以後我們就會如何安撫自己。當這種影像慢慢滲透到我們的內在去檢驗我們的「客體恒常性」的時候，就是我們的人生發生危機的時候。如果我們內在的負面語言超過了我們內在的安撫語言，說明我們早年內化父母的愛撫的影像不夠。

我曾看到一個小孩跟在奶奶身後走，小孩走起路來也是弓腰駝背，顫顫巍巍，這就是一種內化。

父母對我們的贊許，對我們的笑臉，也會如走路姿勢一樣，慢慢滲透到我們的內在。**父母如何安撫我們，我們長大以後就會如何安撫自己；父母如何傷害我們，我們長大以後就會如何傷害自己。**

如果我們和父母的愛的連接在早期不足，比如父母在我們生命早期經常不在我們身邊出現，或者我們身邊的照顧者總是變換，那麼我們內在的父母愛自己的影像是不穩定的。我們就會停留在外化他人的愛的階段，體現就是，我們很黏人，希望對方時刻陪伴在身邊。

初級的愛，只享受快樂，不承擔責任。喜歡生活在愛的第一個階段的人，往往就會希望對方在身體上永遠不要離開自己，甚至可以放棄和犧牲一切，只求對方可以有身體的陪伴。

他也更容易生活在幻想之中，希望對方可以像父母一樣無私地給予所有的愛。這種愛是一種超量的補償性的愛——他期待愛人可以給予他過去幾十年殘缺的所有的愛。他想穿越回到嬰兒時代，讓伴侶做他的媽媽，他只享受愛，不承擔成人的責任。

而如果對方沒有達到他的要求，他就會使用控制的方法，因為他不能接受對方不愛他，伴侶必須愛他，必須永遠愛他，必須一直保持高濃度地愛他。他可能也知道自己在愛的時候的確有些霸道，的確有些幼稚，但他沒法改變。就像我們沒法讓只有七秒鐘記憶的魚（科學證明魚的記憶沒有那麼差，我舉這個例子，只是一種象徵）有長久記憶一樣。

要敢於鬆手，就像讓一個孩子餓的時候不哭泣一樣。對一個嬰兒來說，每次他餓的時候，都是生死危機，他不知道媽媽是否存在，是否會繼續給他生命唯一的滋養。

從必須於他人那裡獲得資源，到可以內化他人的愛在心中，然後自己去尋找資源，是一條心理成長之路。

最高級別的愛是祖露與分享。

一個人去狩獵，他的乾糧決定了他探險的距離，還有他的求生能力；如果他帶的乾糧（父母的愛）和他的求生能力（他內化父母的愛的影像的能力）足夠，他就能跨越人生的種種崇山峻嶺、戈壁險灘，最終找到人類最高級別的愛與幸福。

所以，我們的人生更多的是和祖露與分享有關，而非與壓抑和控制有關。

心理成長，是一個真正地回歸自我和找到自我的過程。在這個過程中，我們可以積攢起足夠多的愛的影像，最終將其變成一種真正的發自內心的溫暖，讓自己能在這個宇宙中馳騁。是的，不用去尋求發光體了，我們自己就是發光體。

和很「驕縱」的人談情說愛，會有什麼樣的體驗

無論是哪種「驕縱」，其實都是一種控制。

所謂「驕縱」，就是不能自控、有好日子卻不能好好過的一種狀態。

如果你覺得人生無聊，和驕縱女或者驕縱男談談戀愛，保證你改變這個看法；如果你覺得人生美好、世界和平，和驕縱女或者驕縱男來一次天雷勾動地火的感情糾葛，你就知道情路的坎坷了。在情感世界裡，要想好好保全自己的小命，最好還是擦亮眼睛瞭解一下這種霸王龍級別的掠食性生物。

所謂「驕縱」有以下五種元素。

• 爆炸性、衝動性和行動性：一言不合，大巴掌立刻上，或者馬上說要分手，或者進入各種辱罵、指責等。好的時候，如沐春風；壞的時候，跟你拼命，把你當成惡魔一樣下狠手。

• 脆弱性：和這樣的人生活，你就生活在雷區，不知道什麼時候，在哪裡得罪他（她）

了，接下來就是一場大爆炸，真是伴君如伴虎！

- 自我中心：你不哄，他（她）就一直鬧，鬧到天翻地覆海枯石爛。「你必須滿足我！」
- 懷疑主義：永遠都覺得你會出軌，一時半刻不回訊息和電話就會發瘋，覺得你拋棄他（她）了。
- 強大的影響力：所謂「賊咬一口，入骨三分」，「驕縱」的人往往內心的力量很大，他們最大的能力就是靠各種「驕縱」讓別人不得不對他們俯首稱臣。

另外，「驕縱」有六種類型，我們必須識別「驕縱」的類型，才能對症下藥。

邊緣型「驕縱」（驕縱的程度：五顆星）

這種「驕縱」屬於完全失控，失去了靈魂的「驕縱」。

其特點是來時「忽如一夜春風來，千樹萬樹梨花開」，去時一地狼藉。在很短的時間裡，他（她）會毫無理由瘋狂地迷戀上你，非你不可。但很快，也許不到一個月，對方就開始把你當惡魔來對待，完全把你貶低得比豬狗還不如，或者上午你還在做上帝，下午你就在做惡魔了。總之，你感覺自己的生活永遠都在顛簸。

這類人在心理學上被稱為邊緣人格障礙，往往生活在冰火兩重天的世界裡。比如媽媽高興的時候對孩子又抱又親，不高興的時候又打又罵，這個媽媽給孩子的感覺就是分裂的，好與壞兩極化。這個孩子的內心世界也慢慢地分裂了，非黑即白、反覆無常。因為媽媽像個不穩定的神經病，孩子在內心無法內化一個穩定的依戀物件。

這類人內心極度缺乏安全感，覺得外部的世界是危險的，不知道什麼時候就會傷害自己。他們會不知不覺把內心的想法投射到外面，而且對自己的判斷深信不疑。他們非常害怕被拋棄，活在內心的恐懼中，認為任何人都不可能安撫他們，任何人都沒有真正的義務和足夠的愛給予他們。他們一生的努力就是想找到一個永遠不變、可以在他們混亂的生活中起到擎天柱作用的人來拯救他們，讓他們不再生活在顛沛流離之中。

白骨精「驕縱」（驕縱的程度：四顆星）

如果說邊緣型「驕縱」是屬於失控型的「驕縱」，是當事人主觀無法掌控自己的生活，那麼白骨精「驕縱」看上去似乎是另一個極端。

這類驕縱男，往往就是花花公子；這類驕縱女，就是豢養一堆「觀音兵」的白骨精。他們是情感世界的掠食者、情感潛規則的發明者，就像是獵豹一樣，可以精確地設計一場捕獵。他們可以表現得非常有情感，但一切都是演戲。他們成功地迷倒眾生，以情感為食，但在內心世界裡他們非常空虛，因為當他們可以玩弄情感的時候，說明他們已經把真實的自我完全隔離掉了。

如果說邊緣型「驕縱」們雖然絕望，但還在不斷地尋求一個穩定的海岸，那麼白骨精「驕縱」們則是徹底絕望地放棄了尋求彼岸。在他們高智商的情感犯罪能力之下，是蒼白無力的自我。因為他們是通過掠食情感來建立自己的價值感的，根本無法滿足親密感和真實感的需要，無法放下防禦，無法坦然投入到任何人的懷抱，脆弱是他們最渴望的，也是他們最恐懼的。

當他們累積了足夠多的勝利以後，這樣的遊戲就越發空虛和無聊，因為不再尋求進步是無法有真正的收穫的，此時他們就會來到一個絕境——「驕縱」無可「驕縱」的世界。

貴族「驕縱」（驕縱的程度：三顆星）

豌豆公主就是此類典型。有一位王子很想和一位公主結婚，但他發現很多來求婚的都是假的，這天終於來了一位最像是公主的姑娘，晚上她睡在鋪了四十層墊子的床上，早上她抱怨床太硬，大家發現在四十層墊子下有一顆豌豆。

公主「驕縱」就是這個類型的「驕縱」，他們會反覆強調自己有多脆弱，反覆提出各種嚴苛的條件，來確保自己是最被寵愛的，否則就翻臉。

比如，手機訊息超過十分鐘沒回，分手；因為男友跟她說別老看手機，分手；男友沒有半夜裡給她買煎餅，分手……

他們的遊戲規則就是你必須寵著我，必須哄著我。否則就掰。

類似的小王子「驕縱」，則是會嫌棄伴侶做飯不如媽媽做得好吃；覺得自己的妻子不衛生，沒有自己媽媽那麼潔癖地擦地；孩子出世以後，覺得自己被冷落了，就一個人到外面風流快活，還理直氣壯地說：誰叫你不理我了？

小公主（小王子）的主要特點就是自戀。可能因為自身條件好，他們一貫自我感覺良好，覺得所有人都必須寵著他們，否則就是莫大的侮辱。在內心層面，他們還是嬰兒，生活在媽媽的世界裡。他們就是上帝，別人都是滿足他們的工具，把他人物化，是他們最突出的特點。

總歸來說，他們沒有發展出足夠好的共情（同理心）能力，不能理解別人的內心到底發生了什麼。

灰姑娘「驕縱」（驕縱的程度：三顆星）

總歸來說，灰姑娘們就算是成了皇后，也不相信自己會幸福。他們需要有一個辯護律師告訴自己：你是可愛的，你是會有好下場的，你是不會被人拋棄、被人羞辱、孤老終生的。

所以他們最容易「驕縱」的就是要別人保證是愛自己的。

經典對白如下：

女：「你愛我嗎？」

男：（覺得好笑）「這還用說嗎？」

女梨花帶雨。男哄大半夜，最後還是在網路上給她買了件衣服才算「放晴」。

女第二次問：「你愛我嗎？」

男馬上說：「愛。」

女：「你都沒有看著我的眼睛，敷衍！」繼續默默流淚。

女第三次問「你愛我嗎」，男睜大小眼睛，生怕對方看不到自己目光炯炯、脈脈含情：「愛！」

女：「要我問，你才會，而且就會說一個字，一點兒創意都沒有，你對我一點也不用心！」

女第四次問「你愛我嗎」，男方特意從瓊瑤劇裡學了一大段表白，把自己都快感動哭了。

女幽幽地說：「油嘴滑舌，說得這麼溜，你有沒有跟其他女生說過？現在能對我說，以後呢？」

男惱羞成怒，以後乾脆不說了。

女：「你看，剛結婚多長時間，你就不再哄我了！」

容嬤嬤「驕縱」（驕縱的程度：兩顆星）

見過打小三嗎？就是此類人等。簡單來說就是一個字「撕」。撕破臉皮，撕破關係，一哭二鬧三上吊，以瘋狂的行動來挽回關係。他們信奉「魯莽的人害怕粗暴的人，粗暴的人害怕不要命的人」，用拼命，用「白色恐怖」來控制關係。

比如情侶分手了，就算彼此完全無關係了，其中一方也要用「粗暴舉動來逼迫」和另一方保持連接，因為發起的一方還有強烈的需要欲望。這種需要是如此不顧後果，因為沒有對方就活不下去。

祥林嫂「驕縱」（驕縱的程度：兩顆星）

男人出軌了，下跪，自抽耳光。

女人被出軌了，也下跪，苦苦挽留——我改，你讓我做什麼都可以，不要離開我……把頭低到塵埃裡，用自虐來讓對方內疚，企圖挽留關係，其實也是一種恐怖行為。

容嬤嬤「驕縱」是他虐，把恐怖施加於外；而祥林嫂「驕縱」則是將恐怖施加於內。

無論是哪種「驕縱」，其實都是一種控制。當關係進入到控制階段，那麼這種關係實際上已經死亡。員警和罪犯之間不會有愛情，就像是狼和羊之間沒有溫情一樣。

控制的問題在於，我不管你是否願意，你必須和我在一起，否則我就讓你活不下去。威逼利誘，其實都是一個潛規則：愛無力。

為什麼愛會變成控制呢？

因為所有「驕縱」的人身上都有兩個毒咒：

• 外面的世界是不可信的，沒有人會愛我。

• 我是不可愛的，我是沒希望的，活不下去的。

看過一部叫《香水》的電影。一個小孩被拋棄於市場，被送到孤兒院，從小受盡磨難。一個機緣，他學會了製造特異的香水，這種香水可以讓任何人瞬間愛上他。當他打開香水瓶的時候，整個城市的人為他癲狂，人人都匍匐在他身前，甚至連執行死刑的法官和士兵都失去了神智，任他擺佈。但此時，他卻恍然若失：全世界愛我，只是因為我有這瓶香水，如果我沒有香水，我還是一個無人憐惜的死刑犯而已。

這就是「驕縱」的人的痛苦所在，無論他們用什麼潛規則，是蠱惑還是硬上，就算是完全征服了對方，他們也不會相信自己可以得到真愛，因為真愛是不需要控制而得到的。

每個「驕縱」的人都把自己內心的痛苦轉移到別人那裡，因為他們的「內在小孩」渴望被治癒。

當我們面對「驕縱」的人，可以做什麼呢？

1. 以正勝邪

往往在自戀方面有一些問題的人，容易被「驕縱」的人控制。比如小公主（小王子）類型的人，會用可憐巴巴的小孩般的神情看著伴侶說：我是如此脆弱，需要你更多的愛，如果你這麼做，我就會很幸福的！這容易讓伴侶感覺到一種「拯救者」的蠱惑。被「驕縱」者吸引的人，內心是匱乏的，他們很需要價值感。所以當「驕縱」者不斷提要求，不斷蠱惑，他們就不知不覺地被吸血了。

白骨精「驕縱」的人可能會更邪惡，他們會使用各種潛規則給你下蠱，一會兒拒人於千里之外，一會兒楚楚可憐，一會兒風騷放蕩、風流倜儻，一會兒溫柔體貼、情真意切……總歸來說，就是讓你做他們的備胎，讓你乖乖聽話，如果你等不及了，給你一點點甜頭安撫你，好繼續利用你、剝削你。而容嬤嬤「驕縱」則是用恐怖行為嚇唬你，用恐懼來控制你。

這些時候，你一定要撐住，告訴自己：「一切反派都是紙老虎」，一切狐狸精的愛都是人獸戀，我是有底線的，我的利益是第一位的，無論對方多可憐、多可怕、多蠱惑，我都要以自己的利益為先。

2. 不帶敵意的堅決，不帶誘惑的深情

「驕縱」的人，他們的內心是小孩，以嬰兒居多，而嬰兒最大的特點就是沒邊界。他們

會和你共用你，你就是他們的延伸體，這種共生會讓你成為他們的甘蔗和口香糖，一次性的消耗品。所以溫柔而堅定的拒絕是最重要的。

哪怕因此洪水滔天，這也是你必須要做的。如果你不能嚴守邊界，你的世界就一定會被「驕縱」的癌細胞佔據。

我聽過最「驕縱」的名言是這樣的：真正的愛是在你忍無可忍的時候，還能忍受我。如果都忍無可忍了，怎麼還能忍呢？

這句話的實質就是：「驕縱」無底線。

你一定要破這個魔咒，堅決地說：「我不是你媽。我救不了你。我也不是你的迫害者。我不和你玩拯救者→迫害者→受害者的遊戲。反正我不是你的拯救者，就是你的迫害者，如果你堅持按照這個遊戲玩，那我既做不了你的拯救者，也不願意委屈戴著這個迫害者的帽子。如果你不能收斂，那麼我們的關係只能結束。」

3. 好好反省

我們要有這樣的反思：我為什麼無法和一個「驕縱」的人分手呢？是不是說明我也是很「驕縱」的人呢？

如果你和一個很「驕縱」的人難分難解，這說明對方可能是你無法接受的自我陰影。

如果你發現很難提出自己的要求，可能就會和一個非常善於提出自己的要求，甚至是不合理要求的人糾纏不清。因為對方在替你表達你無法表達的需求，對方也在教你如何表達你的需求。

你要問問自己：我為什麼不能真實地表達自己的需求，我為什麼在關係中總是犧牲？我為什麼不能捍衛自己的權益？我到底害怕什麼？如果我不害怕，我需要什麼來支援我？

如果你能做到這些，你就可以從這些傷害你的人身上得到最美好的禮物——成長。

婚姻最大的秘訣：學會正確地「咬人」

我不只是愛你的面具，還愛面具背後的你；
我不只是愛現在的你，還愛過去的你。

脾氣對我來說，是一種神龍見首不見尾的東西。每次來的時候，都是猝不及防，讓我內耗嚴重。比如一輛不守規矩的車跨線並行，或者網路群主把我踢出群組，又或者來訪者對我的一次貶低，說我還不如某某好……

後來我發現，關於發脾氣，有兩種方式：

- 就像放屁一次全放完，感覺很清爽。
- 就像只放一半屁，留一半在肚子裡，來回拉鋸，腸子痛苦。

雖然這種比喻不雅，卻很貼切。前者是清爽派，後者是糾結派，我可能屬於後者。清爽派，永遠無法理解糾結派的痛苦。很多婚姻到了最後算總帳的時候，其中一方會非常驚詫地說：這都是我多年前放的一個屁了，你咀嚼到今天？如果你有屁，為什麼不快放？

他們無法理解，一個人為什麼有屁不放要憋著。

好，我的攻擊性釋放到此結束。

攻擊性是什麼？

如何理解我們的攻擊性？讓我們來設想這樣兩種人生。

一種是鼓勵攻擊的人生。

從前，有個女孩叫仙人掌，在她的家族裡，是沒有「溫、良、恭、儉、讓」這樣的詞彙的。在幼稚園被小朋友欺負了，爸爸給正哭著找媽媽的她一個巴掌：你比她還高，為什麼會被她打倒？

第二天，她打倒了那個小朋友，爸爸和對方家長也打成一團。晚上爸爸驕傲地舉起她說：我們家沒有「吃虧」二字！

另一種是反對攻擊的人生。

從前，有個男孩叫小肉球，他小時候最痛苦的就是回家。只要到了他家樓下，隔著十幾層就能聽到父母無休止的爭吵、互毆、摔盆砸碗、哭爹喊娘，他恨不得自己不存在。從此他立下宏願：長大以後我一定離開這個火坑，找到一個沒有戰爭和硝煙的伊甸園！

在鼓勵攻擊的環境中，攻擊被理想化為一種自保或強大的象徵；在反對攻擊的環境中，攻擊被貶低為一種有傷自尊和毀滅性的象徵。

攻擊背後的恐懼是什麼？

一個朋友，她從小就很優秀，要做老大，因為長得漂亮，深受家裡所有人的寵愛。有一次，鄰居家小男孩到她家做客，一時眾星捧月，她被冷落了，氣不過，就找了個碴，給了那男孩一個巴掌。

這個梗一直成為每次家族聚會的笑談。

大家的結論是：這孩子，脾氣好大。

這無形中也塑造了一種家庭的神話：攻擊有理，攻擊萬歲！

其實，她通過攻擊迴避了一個問題：萬一我不是眾星捧月，那怎麼辦？

她根本沒有機會體驗被冷落的恐懼，但這種恐懼對她是有意義的，因為這個世界不是以她為中心旋轉的。

這個問題會成為她人生中的不定時炸彈，她越長大，這個問題對她的影響就越大。直到婚姻出現問題，事業遭到打擊，她從一帆風順的人生路上狠狠跌下懸崖，才會傻眼：為什麼你們不繼續捧我了？

此時，她才會和自己無形中一直在逃避的問題迎頭相遇：當沒有人再那麼捧我的時候，我該如何繼續自己的人生？

她才會開始發現，有時站得高，不一定看得遠，還意味著會摔得更慘。

她才知道，以前一直都被她當成橡皮泥土捏的丈夫，其實心裡對她已經累積了一肚子的不滿，而出軌，往往是這個不敢攻擊的男人給她最響亮的耳光。

人生無處不攻擊。

對這個丈夫來說，攻擊會讓他有兩種恐懼，一種是被對方毀滅，一種是毀滅對方。

他見識過爸爸是如何用皮帶打媽媽的，從此他就很恐懼任何程度的攻擊。因為他既害怕自己成為瘋狂的野蠻人，也害怕成為在皮帶之下還不知死活惡語相向的人。

他無法理解為什麼爸爸可以下那麼狠的手，也無法理解媽媽為什麼在這樣的打擊下還能不知死活地破口大罵。

說到這裡，我們就知道了**攻擊背後的兩種恐懼：一種是不攻擊，我會死；一種是攻擊，我會死**。因為這樣的恐懼，我們就會在親密關係中不斷上演攻擊的遊戲。

攻擊者最大的痛苦是沒有對手，所以很多攻擊者容易被反攻擊者用被動攻擊擊倒。比如，我不能和你對罵，但我可以不回你電話；如果一定要回你電話，我可以拖很長時間再回；如果一定要很快回你電話，我可以說話不算話，我說早回家，卻半夜回來，我說要照顧孩子，可是忽然告訴你我要加班……

所以，在某種程度上，人生無處不攻擊，我們就是表達攻擊的容器而已。

如果你不正面攻擊，你就用被動的方式攻擊。

如果你不攻擊老公，你可以攻擊孩子。

如果你不能用責罵攻擊對方，你可以用語重心長的方式釋放焦慮攻擊對方。

如果你實在無法攻擊對方，你可以攻擊自己啊，讓自己的身體變差！

孩子對父母最大的攻擊，就是讓自己過得非常不順，非常悲慘。如果你的人生過得很慘，你對父母一定有很大的敵意。

愛與恨的天平，如何平衡？

攻擊，其實就是愛的反面，最大的恨，是從親密的人轉路人。都是路人了，也就沒有恩怨了，沒有恩怨了，也就沒有故事了，沒有故事了，你於我就是塵埃，就是空氣。這是最大的攻擊。

事實上，我攻擊你是因為我對你有欲望，有需要。到底攻擊到什麼程度才能剛剛好？是會毀掉你呢還是讓你注意到我？

如果不相信攻擊可以讓關係和自己倖存，我們會隱藏起我們的攻擊，讓攻擊變成一種暗流，而這種暗流會悄然消耗我們的情感帳戶。

如果相信攻擊可以讓關係和自己倖存，我們的攻擊會無法停止，最終親密會成為一種無法實現的暗流，而這種無法實現也會讓我們的情感帳戶慢慢變得乾涸。

所以，大多數的人生問題都是要回答這樣的問題：「我要愛你多少」和「我要恨你多少」。愛太多，就會讓關係壓抑太多的矛盾，變得日益虛假。恨太多，就會讓關係壓抑了太多的脆弱，變得日益粗糙。

能搞清楚愛恨之間的尺度，就能好好過日子，如果愛恨之間失衡，日子就會日益凋零，沒法過了。

什麼是最佳尺度？

這沒法回答，就像是問什麼樣的做愛才是最完美的做愛。有的人希望溫柔一些，細膩一些。有人希望野蠻一些，瘋狂一些。但這一切的前提在於我們都要對彼此的「G點」了然於心，這個G點就是我們攻擊背後的焦慮。

無法釋放這個焦慮，關係就會走向空心化。大鐵棒和繡花針的相遇不是沒有道理，大鐵棒要學會繡花針的溫柔相對，繡花針要學會大鐵棒的無所畏懼。

當我們開始訴說彼此是如何「長大」的，我們人生的那些最核心的恐懼和焦慮的時候，愛才不再只是一個平面，而變得立體了。我不只是愛你的面具，還愛面具背後的你；我不只是愛現在的你，還愛過去的你。

這樣，我們才能明白，如此強大的、無所不攻擊的你，其實是一個害怕沒有了軟蝟甲就一無所有的小女孩。你也才能明白，如此溫和的、要溫暖所有人的你，其實是一個害怕自己的憤怒會毀滅世界的人。

《怪獸與牠們的產地》電影中，那個長期被母親虐待、具有魔法師特質的小男孩，最後將內心的憤怒爆發出來。如果你看了這個可怕的場景，就會深刻瞭解到，什麼叫作溫和的人出大事。

但是，**不管憤怒有多強大，所有的憤怒都害怕傾聽，所有的憤怒都不過是沒有被傾聽的眼淚而已。**

每個人在某種程度上都是被特別訓練的「魔法師」，但是，其實每個人都有一顆「麻瓜」的心——每種特殊的才能背後，都藏著沒有被化解的痛苦。

電影最後，一場摻雜著遺忘藥水的大雨，讓看到魔法師的「麻瓜」們忘記了發生的一切。這其實是一種隱喻：我們不一定要遺忘過去，但我們需要雨水的滋養。我們每個人，都需要一場哭泣。

我們每個人，可能都有一個不能哭泣的過去，都有一個無法放下的過去，都有一個未曾被陽光照到的地方，都是未曾被傾聽和被認可的小孩。

我們越長大越會發現，這麼多年，我們一直都遺忘了這個小孩，我們越是忘記，就越會讓我們的人生走向偏斜，我們會成為攻擊的受害者，和被攻擊的受害者。這個世界真正的和平，來自我們與往事的和解，與傷害的溫存。

仙人掌知道：不攻擊，她不會死；沒有那麼多掌聲，她也可以存活；沒有他人的照顧，她也可以得到一個人的幸福。

小肉球知道：攻擊了，伴侶不會死，他也不會被伴侶的反擊殺死。相反，他的攻擊可以贏得別人的尊重，可以讓他人理解他的立場。

在諮詢室裡，我看到了太多這樣的反轉人生。我們從未知曉，人生還可以這樣放鬆地活。

有人從未體驗過，還可以用這樣的姿勢獲得幸福。而一旦體驗到，我們就開始走出創傷的世界，瞭解到現實的尺度。一旦體驗到，我們才有了真正的溝通，而非我們和幻想世界的角色對白。

我們才明白，真實是多麼的可怕，也是多麼的可愛。

為什麼女人在婚姻中活得這麼累

每一個拼命努力的人，都可能曾生活在一片死寂之中，
為了存活，必須讓自己興奮地戰鬥下去。

一個朋友，我叫她奇跡。說一下她平時的行程。

她是一家跨國公司的中華區總裁，兼三個孩子的媽媽。

深夜，朋友圈裡她曬了一張從美國回國的照片。第二天早上七點開始曬她給小女兒親自做的蛋糕，中午和丈夫約談如何斷掉他糾纏不清的前女友事宜，晚上和閨密死黨們一起快樂到深夜。第三天開始長達八個小時的談判……

見過馬戲團玩雜耍的嗎？把很多盤子、碗扔來扔去，完好無損地落在手中。

「你是怎麼做到的？」

她說：「我沒告訴你，我在機場的洗手間裡吐，也沒告訴你，回到家第一件事就是給女兒做蛋糕，烤箱壞掉，臨時跑到閨密家，凌晨三點才做好蛋糕，回到家的時候，已經

六點了。」

然後她喝了三杯咖啡，告訴自己不要看手機裡她保存的老公和小三的曖昧訊息截圖，她必須給女兒一個很開心的媽媽的形象。甚至在和老公談判的時候，她也必須沉著冷靜，見招拆招。

和閨密在一起，她根本不敢說這些破事，因為大家是為了一個女生商量籌辦婚禮的事宜的，她怎麼能這麼掃興呢？

「我沒有地方可以去。」她說。

——家？要應付三個正在好動年齡的孩子。

——公司？一堆下屬等著她運籌帷幄。

——朋友？她怎麼告訴大家，大家心中的金童玉女，現在已經如此不堪？

對她來說，唯一安全的就是地下停車場。她可以在車裡放聲大哭。

「是的，也許我的確可以叫奇跡。但是，我有時候想，這麼過有意義嗎？我是說我的人生。」她說。

她發現自己其實沒有家，連一個可以卸妝的地方都沒有，只有無窮盡地演出，生命就像無法停下來的紅舞鞋的遊戲，只有鋸斷腿，才算是曲終人散。

為了挽救丈夫，她看了很多書，甚至做了很長時間的心理諮詢，她一次次地努力嘗試，但丈夫就是不離、不斷。

她問我：「為什麼我這麼努力，卻越來越累，為什麼我越努力，生活對我來說越艱難？」

我問她：「你為什麼這麼努力？」

她說：「因為我渴望美好的生活呀！」

「那又是什麼讓你這麼想要美好的生活呢？如果你不那麼努力，如果你甘於不那麼美好的生活呢？如果你不給女兒做蛋糕，不進行八個小時的馬拉松談判，不去跟你的閨密們策劃婚禮，你想幹什麼？」

「我想要在一個無人的寺廟裡靜靜地待上一天，什麼人都不見，什麼事都不做，什麼東西都不想。」

「為什麼不呢？為什麼這樣的畫面沒有出現在你的生活中呢？」

她忽然淚流滿面。

她想起了小時候，媽媽永遠都是面帶慘容地在家裡躺著，而自己則必須像個穿梭的花蝴蝶，才能讓同樣壓抑的爸爸開心起來。她必須防止自己進入那個死氣沉沉的世界，必須不停地攪和，她害怕那種死亡的感覺。

每一個拼命努力的人，都可能曾生活在一片死寂之中，為了存活，必須讓自己興奮地戰鬥下去。生命對他們來說，不掙扎，就會死。他們甚至會把休息本身也看成死亡。如果她無法消化如同植物人的媽媽和壓抑的爸爸給她帶來的傷害，那麼她是根本無法接受自己可以停下來的。

你為什麼這麼不努力

有一種姿勢叫作「癱坐」；有一種人生叫作內耗。

前一個故事的女主角是外耗，把大部分的力氣都用在外面。

後一個要出場的女主角是內耗，把所有的力氣都用在裡面。

比如，她會覺得工作實在太難了，職場上的宮鬥戲讓她真的很無語，她被弄得很孤立，也很難受。

辭職吧，朋友會說：「這麼好的工作，你腦子有病啊。」

媽媽會說：「你就別作了，女人重要的不是工作，是家庭。」

老公會說：「你這叫作退縮、逃避，有人的地方就有江湖，你能逃到哪裡去？」

她猶豫了。

然後，孩子就生出來了。

她的難題更多了，年紀也大了，孩子出生頭幾年很重要，應該努力照顧好孩子。她又想拚事業，可是要去做什麼呢？如果就這麼混吃等死，她也不知道到老了會不會有後悔的一天。

她的人生好像在一團蜘蛛絲裡，她就像是在淺水灘裡的魚，有上口氣就沒了下口氣。

我說：「世界這麼大，為什麼不出去走一走？」

她苦笑：「萬一外面有狼外婆怎麼辦？」

我說：「人生就這樣。」

她說：「我的人生就像是一直在病床上生活一樣，總是有氣無力，怎麼辦好？」

我說：「你是被嚇大的嗎？怎麼會有這麼多的害怕？」

說到這裡，她想到了她媽媽那雙焦慮的大眼睛，多嚇人啊。

「這雙眼睛對你有什麼影響？」我問。

「每當我面臨人生的選擇時，這雙眼睛總是會出現在我面前。然後我就繳械投降了——我感覺到沉重、壓抑和無力。」她說。

所以她一大學畢業，就趕快結婚，因為不想回到那個悶罐子一樣的世界，有一個一回家就和媽媽吵得天翻地覆的爸爸和一個天天拿著充滿淚水的大眼睛看著她的媽媽。可是，現在她覺得自己依然沒有離開那個冰火兩重天一樣的世界。

她終於找了一個非常有存在感的老公，可老公的存在感都體現在各種「驕縱」上，她離開了火坑，卻又來到了蛤蟆坑，她想要的生活，依然遙遙無期。

人生說來說去就是兩件事：追逐和逃避

有時候，追逐就是逃避，逃避就是追逐。就像外耗其實就是內耗，內耗其實也是外耗一樣，說到底，我們都是卡在創傷世界裡的人。

人生的幸福，不取決於我們的長度，而取決於我們的寬度。雖然我們因為先天的原因可以練就一身的偏門絕技，比如人生如紅舞鞋遊戲的女超人，她的絕技就是什麼都是「我來做主」，但她自己卻沒有人做主。比如人生如「癱坐」的女主角，她的絕技就是什麼都是「你來做主」，但她自己依然沒有辦法做主。

那怎麼辦？

如果車沒油了，你該怎麼辦？加油啊。

一個很累的女人，她需要外面的油，更需要內在的油。

她們都說，感覺不到自己有家。

家是什麼？家是可以解甲歸田、寬衣解帶的地方。家是休養生息、安靜總結的地方。

如果她們的人生如戰場，生活如叢林，沒有地方可以棲息，沒有地方可以安放自己，又從何談可以重新開始呢？

什麼時候，可以安心呢？

幾乎所有人都會告訴我：

- 當有人可以理解我的時候。
- 當我不用擔心會被評判的時候。
- 當有人發現我的美、欣賞我的獨特的時候。
- 當我發現這件事其實不是事的時候。
- 當我發現這件事其實是有道理可循的時候。
- 當我瞭解有人知道怎麼辦的時候。

前三者叫作媽媽的愛，後三者叫作爸爸的愛。媽媽的愛，幫你加滿油，讓你安心；爸爸的愛，幫你修好車，讓你放心。

世界上所有的累，都和無家可歸有關，都和沒有人幫我們加油有關，都和沒有人幫我們修車有關。我們去找加油站和修車工，但他們反而來找我們加油、修車，比如我們的丈夫、我們的父母，我們的朋友們。結果這個世界上充滿了需要加油的車和需要維修的車，卻沒有加油站和修車工可以讓我們啟程。我們只好用盡全力推著車前行，甚至還要推開那些求著我們推車的手，生命就此陷入無止境的累當中。

為什麼他們讓我們這麼努力

在這個世界上，男人只要在外面賺錢，就算是給家裡加油了。家裡的一切需要，就要從女人的油庫裡抽取。

問題是，女人現在也在外面賺錢了，未必比男人賺得少，憑什麼還要獨自承擔家裡的工作呢？也許，這個時代是女人心最累的時代，既要到外面工作，又要負責家裡的工作。男人，還沒有調整好心態接受已經有了人權的女人；女人，也似乎不清楚該如何跟男人談判。

犧牲是一種美德，這種美德幾乎深深烙印在女人的細胞基因中。

有朋友是做人力資源的，她每年都會收到女員工的辭職信，很多都是非常優秀的，因為孩子，沒辦法，才要辭職做專職媽媽。

女人能不能不犧牲呢？很難。

因為從小，女人就會被教導要溫、良、恭、儉、讓，要學會協調和配合，學會認同彼此，學會甘居下位，學會不要爭強好勝，這就是一個追求不斷袒露脆弱，忌諱展示強大的體系。

兩個閨密可以越談越淚水漣漣，因為她們很享受這種脆弱的快感。但很少見兩個大男人抱頭痛哭。男人喜歡談的話題：遊戲、足球、政治，永遠和內心沒有關係，因為他們受到的教育是做戰士，不要說三道四。

如果兩個沒有多少閱歷的男女進入長期關係，就會進入到失衡的世界：男人會認為女人的「連環奪命 call」是在跟他戰鬥，而女人則會認為我都跟你掏心挖肺了，你為什麼還對我冷若冰霜？

當我們被困入追逐和逃避的牢籠，以及單一思維的泥沼——男人想把女人變成男人，女人想把男人變成女人——我們的生活一定會陷入無止境的耗竭之中。

想不累？

很簡單，先停下來。

觀察才有選擇，然後尋找哪裡有可以讓你安歇的地方、學習的地方和需要理解的地方，你的人生才會有出路。

就像是一個說法：如果唐僧不上路，就不會遇到孫悟空，就不會遇到豬八戒，就不會遇到沙和尚。沒有這些遇見，唐僧不會走到西天。

只要你開始走不同的路，就會有遇見，遇見多了，也就長大了。

願我們可以成為陪著你上路的人。

我不想給你安全感，只想教你無所畏懼

很多人都問我：我該怎麼辦？我的回答是：我不知道。

你有過想死的時候嗎？站在視窗或天橋上，晴空萬里，白雲朵朵，就是這個時刻，也許可以結束一切。

如果一個人連死都不怕，他怕的是什麼？

有人怕腦子裡不斷奔湧的各種思想，就像是燒開水的水壺一樣，幾乎要爆炸了。

有人怕無人區的荒涼，就算是在人潮洶湧的街道上，也覺得自己像一個鬼影，和這個世界無關。

有人如置身黑暗的叢林，四處都是綠幽幽的眼睛，不知道從哪裡會有猛獸襲來……

有人怕回憶，那麼美好的歲月，現在灑落一地，如秋風掃落葉，雨打紛飛去，一切都不復存在……

有人如來到外星球，前一秒還在被窩裡，後一秒天翻地覆，如置身永恆的噩夢中。

有人痛苦於無法感覺到自己，有人痛苦於太多的痛苦如癌細胞在自己每一寸肌膚、骨骼中蔓延……

如是，結束生命，也許可以讓他不用浸泡在福馬林液體中做永遠痛苦的標本。

我的諮詢室，就是見證各種黑暗時刻的所在。很多人來到這裡，都會把外表的光鮮褪去，把赤裸裸的痛苦暴露出來，不需要雄黃酒，所有妖精們都會現出真身。

生命很短，短到我們來不及完成歡愉；人生很長，長到我們必須要拿起手機「殺時間」。如果讓你放下手機，來到孤島，該如何面對漫漫長夜？

每個人來到諮詢室都有一肚子話要說，有一腦袋的問題要問，有那麼多的問題要解決。但是真正的問題，都在這些問題之後。

什麼時候真正的問題才會出來呢？當我們無言以對的時候，當我們已經不再想要掙扎著活下去的時候，當我們已經不再自欺欺人的時候，當我們不再用慣常的問題掩蓋真正的問題的時候。

在這樣的時刻，幾乎所有人都在問一個問題：我活著，到底是為了什麼？到底什麼可以支撐我活下去？

家貧、母弱、父囟，一個男孩從小的夢想是要成為強大的男人、愛自己妻子的男人；家富、母強、父弱，一個男孩從小的夢想是要成為隨心所欲生活的男人，自由自在，不受任何人操控。

從小在寄養家庭中流浪的女孩，渴望的是長大後可以一世相擁；總是在爭吵中長大的女孩，希望的是有個暖男來救她出火坑。

創傷的意義，在於它給予了我們夢想和活下去的動力。

我們的前半生要麼忙著認同弱者，希望可以有一個世界讓我們盡情地弱小下去；要麼忙著認同強者，希望從此不會有任何人可以打敗自己。前者是希望有一個永恆的母親，活在她的懷抱裡，萬事無憂；後者是希望有一個永恆的父親，戰無不勝。

往往後半生，就是我們的破滅期。

此時，你會發現遇人不淑，跟錯了老闆，明白人性黑暗。你會發現，努力之後，一切都成為泡影。你成為世界上最大冤案裡的最慘受害者，而其他人都是幸福的；或者這個世界就是一個大火坑，你沒處逃。

你見過所謂的優秀男人，骨子裡都是爛到底的德行，而所謂平庸的男人，又是乏味到家；或者你奮鬥到一定時候，發現了無形的玻璃天花板，也許你一輩子就到這裡了；更不用說各種背叛，各種出賣，各種奇葩劇情。

於是「三個朋友」來到了你身邊：無助感、無力感和無望感。無論你跑得多快，跑得多遠，在生命中，你總是要和他們不期而遇。

很多人都問我：我該怎麼辦？

我的回答是：我不知道。

他們說：你是諮詢師，你見過那麼多人，怎麼會不知道怎麼辦呢？那我付這麼多諮詢費給你有什麼意義呢？難道是要你告訴我你也不知道怎麼辦嗎？你這不是騙子嗎？

我說：到底我是騙子，還是你是騙子？

他們說：我騙了誰？

我說：你騙了你自己。

我接著說：我曾看過一隻甲蟲，在牆上遇到一個障礙物，每次爬到那裡都會掉下去，它努力了一上午。另外一隻甲蟲卻輕鬆地繞過那個障礙物，只用了幾十秒。為什麼前面那只甲蟲不會繞行？在它短促的生命中，一上午已經夠漫長了。

他們說：因為它笨啊。

我說：它不笨，它很聰明，它要不斷地騙自己「我一定能爬過這個坎，一定能」。為什麼它要這麼騙自己？因為放棄對它來說是一件非常可怕的事情。

如果一個人在生命的重要關頭被別人放棄過，因此造成了創傷，他就會成為不能放棄的人。

電影《海上鋼琴師》，講的是一個棄嬰，在遊輪上長大，他一生都沒有離開過遊輪，甚至到了遊輪要被炸毀的時候，他依然堅持與船同沉。

他愛上了一個姑娘，想到外面的世界去找她，但走到船梯三分之二處，他停了下來，久久地看著外面的繁華世界，最後他還是轉身回到了那永遠的「子宮」之中。

他傻嗎？不是，他內在的資源只夠他走到船梯的三分之二處，再往前走一步，他就彈盡糧絕了。

人生最黑暗的時刻，拼的就是兩個聲音：一個是自我安撫的聲音，一個是自我指引的聲音。

一九四二年弗蘭克被納粹投入集中營的時候，他不知道未來會發生什麼，僅僅因為他是猶太人，他的一切就要被剝奪。

地獄不再是一個象徵，變成了現實。你不再擁有任何人的權利。無盡的苦役和虐待，變質而短缺的食物與蔓延的傳染病，你甚至不再有名字，只有一個編號。這個時候，你需要問問自己：這樣的生活還會繼續多久？我還能堅持多久？明天我會病死還是累死，或者乾脆被隨意地槍斃？

在如此黑暗的歲月裡，會出現三類人：一種是沉浸在抑鬱或焦慮的情緒漩渦中，很快被殘酷的生活淘汰；一種是封閉自己所有的感知器官，成為精神上的死人，這樣的人也會被淘汰，因為他們也脫離了現實；一種則可以清醒而靈活地活著。

想要清醒而靈活地活著，你需要有兩種能力：一是對苦役的忍受力，二是努力適應非人環境，並和決定你生死的主宰者保持良性關係的能力。因為一念之差，你就會被送到煤氣室。

這時候，你不僅需要有足夠的情緒感知能力，運用你的情緒能力影響周圍的環境，還需要有超強的容納自己和他人情緒的能力。換句話說，你的記憶體要超強，才能代謝如此艱苦的環境。

弗蘭克做到了，他用了兩個方法：

- 給自己足夠母性的安撫：他每天休息的時候，會想像自己和妻子在一起的時光，這是他難得放鬆的時光。
- 給自己強大父性的支持：他告訴自己，無論自己如何被剝奪，唯一無法被剝奪的就是他對這個世界的態度。無論他多麼不自由，他的內在可以是自由的，這個世界就沒有什麼可以束縛他。

前者給了他安全感，後者給了他掌控感。

當一個人能夠自我安撫，有了掌控感，他就是不可戰勝的。

話說回來，為什麼會有被家暴的女人十幾年都無法離開施虐的男人？為什麼一個男人反覆出軌，對一個女人長期冷暴力，她卻無法離婚？為什麼他總是忍受老闆的侮辱，卻一直不辭職離開，哪怕所有人都看到他有足夠的能力開創自己的事業？為什麼有那麼多人過著其實不值得他們過的生活？

因為，對他們來說，缺少的就是這兩點：安全感和掌控感。

為什麼一個女人受了那麼多創傷和背叛，卻不能離開自己的婚姻？因為當年他追她的時候，給了她三個月美好貼心的照顧，這三個月成為她人生的巔峰時刻，為此她可以付出十三年，甚至三十年的代價。

她無法相信，離開了這個男人，是否還能擁有這樣的時刻——她不相信這樣的溫暖可以再次發生、再次擁有，而且可以由她來掌控。

她太缺乏資源了，她內在的燃料太少了，不能像弗蘭克一樣，在完全斷絕了外在的供應以後依然可以自我供給。

如何從黑暗中走出來？

有次我問來訪者一個問題：「當你挫敗的時候、痛苦的時候、失落的時候，你聽到了什麼？」

她說：「什麼都沒有啊。」

我說：「再細聽聽，是什麼讓你那麼痛苦？」

她的淚水慢慢盈眶：「我覺得自己很差。」

我說：「『我』是誰？你有兩個『我』，一個是覺得自己很差的『我』，一個是很差的『我』，這兩個『我』是誰？」

她說：「一個像是我的媽媽，一個像七歲時候的我。」
我說：「每到黑暗的時刻，你的媽媽就用指責你的方式陪伴你嗎？」
她說：「是的，我很傷心，在我最需要安撫的時候，她總會用刀子剜開我的心。」
我說：「是的，其實痛苦也是一種陪伴，好過什麼都沒有。」

一種是永恆的孤獨，一種是被人指責，這兩種痛苦你會選擇哪種？很多人寧可選擇後者，因為前者基本就是一種死亡。我們是需要客體（外界事物）的，是需要別人的陪伴的，哪怕是一個可怕的會傷害我們的人。

不過這種陪伴的代價往往會讓我們流更多的血。所以，你是否黑暗中的倖存者，不僅取決於你正在面對的艱苦，更取決於你從父母那裡學到了什麼：是學會了往傷口上再插一刀，還是給它敷藥？

學會了前者，你的生命力就會慢慢衰竭下去。學會了後者，你就能堅持到走出隧道的那一刻。那些來到諮詢室尋求幫助的人，大多在前者和後者之間。有些人就這樣慢慢地走出去了，有些人則成為徘徊在黑暗中的幽靈。

有來訪者對我說：「謝謝你，在我最黑暗的時候接納了我，沒有你的幫助我很難走出這段歲月。」、「謝謝你，在我最迷惑的時候給我一條路，讓我看清了自己和這個世界。」

是的，也許我們可擁有這樣過渡的中轉站，在踏上下一列列車之前。

小時候我很怕死，因為我很害怕黑暗。直到有一天我忽然想到，也許黑暗沒有那麼可怕，也許死沒有那麼可怕，也許老了的那一天，我可以平靜或欣喜地等待它的到來。

當內在真正自由的時候，就是內在精神火焰可以永遠燃燒下去的時候，我們可以免於無盡的恐懼，和這個世界和解。

第3章

出軌有解藥嗎

婚外情的本質是什麼

當雙方的需求不匹配的時候，
婚姻這筆買賣就開始失衡了。

婚外情的本質是什麼？

關於出軌，有一組來自美聯社的資料，的確很驚人：

• 在一生所有的親密關係中，至少出軌過一次的男性和女性都超過百分之五十。

• 百分之四十一的已婚伴侶中，有一方或雙方承認有過身體或精神出軌。

• 百分之二十二的已婚男性婚後至少出軌過一次，百分之十四的已婚女性婚後至少出軌過一次。

• 同事是出軌的高頻率對象（百分之十四的已婚男女和同事有過性關係）；出差則是出軌的好時機（百分之三十五的已婚男女承認在出差時有過外遇）。

• 假如可以永遠不被發現，有百分之七十四的男性表示一定會出軌，百分之六十八的女性表示一定會出軌。

• 一段婚外情的平均持續時間是兩年。

• 當然，也有一個值得深思的資料：在婚外情被戳破之後，有百分之三十一的婚姻持續了下來。

需要不斷變化，婚姻是有「有效期」的

看了上面的資料，你大概會有唏噓之感。

我是做婚姻諮詢的，我的案例中幾乎有百分之九十都和婚外情有關。我經常被問的一個問題是：為什麼現在婚外情的人這麼多？為什麼人非要婚外情不可呢？

我往往會回問一句：那麼人為什麼要結婚呢？

提問的人往往會這樣回答：

• 因為年齡恐慌而婚。我也不知道，我媽逼很緊，我年齡也越來越大了，我一著急就趕快找了個差不多的嫁了。否則，我不就是老女人了嗎？

• 因為快樂和好玩而婚。和他在一起太有趣了。

• 因為物質需求而婚。他很有錢啊，有房有車，我可以少奮鬥十年，可以擁有很豐厚的物質基礎。

• 因為安全感的需要而婚。有他在，我晚上不用害怕有人破門而入了；有他在，我的工

作有麻煩可以找他幫忙。

•因為歸屬感而婚。我想有個家，一個不需要太大的地方，這麼大的城市有一扇為我敞開的窗戶，使我感覺到自己不是孤單飄零的人。

•因為自尊的需要而婚。有了這樣高富帥的老公，我可以在朋友圈成為女王，讓我的那些小姐妹們羨慕到吐血！

•因為精神需求而婚。我希望有一個人可以和我心靈相通，成為真正的靈魂伴侶，一起面對生命的種種脆弱，完成一生的修煉。

這麼多的回答，簡單說就是：需要。**人是因為各種各樣的需要進入婚姻的。**

需要，是有「有效期」的。需要有產生的一天，也有消滅的一天；有滿足的一天，也有缺失的一天；有存在的一天，也會有變化的一天。

既然需要在變化中，也就像鳳梨罐頭一樣，始終有過期的一天。

比如，一個糊裡糊塗被媽媽逼入婚姻的女人，發現婚姻雖然給她一種「正常人」的感覺，代價卻是充滿了痛苦的爭吵和壓抑的憎恨。

比如，兩個玩得很開心的伴侶，進入婚姻後，發現婚姻這個遊戲實在難度太大了，兩個人都陷入迷茫。

比如，當因為安全感而進入婚姻的人，發現雖然對方給了自己很多安全感，但是根本不解風情，和養一條會賺錢的狗沒有什麼區別，而且這條狗還會咬人。

比如，一個男人雖然給了女人一個家，但除了她作為已婚女人的名分和他作為丈夫的身分以外，這個女人和一個寡婦沒有什麼區別。

比如，一個女人雖然有光鮮的外表，但大家漸漸發現，她的朋友圈裡炫耀的都是她的包包、孩子和自己，丈夫去哪了？

需求失衡，婚姻也就遇到了危機

婚姻就是一頭狼，你餵飽了它，它會對你搖尾巴，像狗一樣忠誠；你餵不飽它，它不會跟你客氣，反過來會吃你。

當雙方的需求不匹配的時候，婚姻這筆買賣就開始失衡了。

什麼是買賣？

四個字：討價還價。

什麼時候買賣可以做成呢？

大家都覺得划算的時候。

買賣就是能量守恆，誰也別佔誰便宜。這個世界上最公平的就是買賣。

那麼不公平的是什麼？強買強賣，偷盜竊取。這些都是佔便宜。

人和人的關係也是如此，就是兩種：一種是買賣，在遊戲規則之下進行的能量交換；一種是偷盜竊取，欺行霸市，是不講遊戲規則進行的剝削和剝奪。

這個世界上看上去最不公平的買賣就是嬰兒和媽媽的關係，媽媽好像是純粹的付出，嬰兒好像是純粹的享受，但其實嬰兒也有代價，比如自己的身家性命都託付給媽媽了。

任何事情都有代價，都是需要能量的平衡的。

當我們在情感中遇到需求不平衡的時候，會怎樣呢？

賣酒的，為了拼業績，就往酒裡面倒水，更有甚之，乾脆往乙醇裡面灌水，這樣做的好處是在最短的時間裡賺最多的錢，而且成本貌似最小。但時間長了，你的聲譽差了，最終大家都會遠離你。

因為你生於斯長於斯，你和周圍人的關係是盤根錯節地聯繫在一起的，打斷腿也連著筋。在熟人社會裡，為蠅頭小利而喪失人品，那成本太大了。

但在一個陌生人社會裡，你可以打一槍換一個地方，賺了錢就跑。

婚外情，也是想要到陌生社會去滿足需求的一個呈現。

一對夫妻，男人總是給女人無微不至的照顧，女人也很享受這種照顧。但慢慢地，男人想要得到女人母性般的關懷，不想老是在關係中扮演「爸爸」。而女人當「女兒」還沒當夠，不願意承擔成人的角色，更不願意承擔母性的角色。他們的核心需要已經無法匹配了。

我們該如何面對這種需求衝突？

也許大多數人會說，解決問題的藥方就是兩個字：「忍」和「轉」。

是的，女人往往會「忍」，她們努力的方向就是放下。放下什麼？放下自我，放下欲望，放下婚姻，融入天地，隨便老公怎麼出軌好了，心想，「我連性欲都可以捨棄，連情感都可以不要，你出軌又能奈我何？」

「轉」往往是男人的潛規則。婚後，男人一方面想要得到女人母性般的關懷，希望女人像媽媽一樣關心他這個孩子。但同時男人還想到外面冒險，他害怕退化成為嬰兒，於是他想要突破，婚外情能讓他感覺自己是個男人。

但是很不幸，小三也會被他慢慢變成另一個媽。於是，他很可能會再次尋求另一個成為男人的機會。

「忍」和「轉」都不是困難的，都不是解決需要的滿足，而是試圖消除自己的需要或者將自己的需要外包。

就像一個人餓了，你跟他說，冬眠吧，降低新陳代謝就不餓了。冬眠雖然降低了新陳代謝，可是總有驚蟄吧，難道要永遠睡去嗎？或者你跟他說，趕緊喝水吧，把肚子撐滿了，就不餓了。可是水總要排泄出來的，然後呢？

我們不知道如何在需求衝突中找到合作的可能。

當我們的需求無法平衡的時候，我們想到的首先是毀滅而非合作，是上戰場的戰爭，而非坐下來一起探索更好的發展空間。

比如一對夫妻，他們都用孩子或者父母的視角看待衝突。

孩子的視角是：你為什麼不給我？

父母的視角是：我憑什麼要給你？

孩子說：我很慘啊，我很餓啊，你不給我，你就是惡魔媽媽。

父母說：我很累啊，我很餓啊，我再給你，你就是惡魔孩子。

其實雙方都是一丘之貉，因為他們不敢離開這樣的母嬰世界。

母嬰世界就是：我對你很重要，你對我也很重要。但這樣的境界，隨著孩子慢慢長大，終有一天會破滅。那時候我們會發現，你對我並沒有那麼重要，我對你也並沒有那麼重要。這就意味著我們要開始面對分離和喪失。

很多婚外情中被拋棄的一方說：你為什麼不離婚以後再談戀愛？為什麼要腳踏兩隻船？

我看到，太多的出軌者恐懼自己的欲望會毀滅自己的家族，會毀滅自己的父母、丈夫、妻子和孩子。他們把自己的欲望看成是毀滅自己世界的敵人，可是他們最終還是被其征服。

被出軌者發現：離開這個婚姻和家庭，自己就像沒有軀殼的蝸牛，或者皮膚潰爛的燒傷者，或者離開地球的人類，在無聲的世界，如隕石一樣飄行，無法確定自己在精神層面可以活下去。

那麼，真正的方案是什麼呢？

還是文中的那對夫妻，也許在他們的關係還沒有走到破裂的時候，男人可以跟女人說：

我的確有想離開你的願望，因為我現在對情感的需要已經改變了。我以前很享受為你服務的快樂，因為這種服務讓我感覺到自己有價值、被需要。在我過去的成長經歷中，一直覺得自己是家裡的累贅，父母以養我為苦，我很痛恨不被需要的感覺。

我發現，我為你的付出，其實是想要挽救我的痛苦——我是沒有人要的，我希望我變得很重要。

但是現在我不再需要彌補這種痛苦了。我想我真正缺少的是一個成熟女人對我的平等的理解，在我痛苦的時候，有一個女人可以給我安撫。

如果有這兩個部分，我會依然享受這種為你付出的快樂。不知道你是否願意在這兩方面給我這樣的愛，如果沒有的話，恐怕我們的關係就會出現重重危機了。我發現當你不斷跟我要愛，而我不斷付出的時候，我就開始恨你了，因為這種不平衡就像是我父母在我小時候不願意給我買冰棒還要我讀書的好，供他們向鄰居誇耀一樣。

我特別需要有一個人可以和我談談這個部分。

這個女人也可以跟這個男人說：

我一直都幻想有一個好爸爸保護我，一個好媽媽來愛我。我發現在我們的關係裡，我完全變成一個嬰兒，好像永遠都要不夠。其實我一直不相信會有人真正地愛我，我覺得所有人都會離開我，我根本不值得別人愛。

我太害怕了，所以我會非常恐懼地想要控制你。可是就算你給我很多愛，我內在最核心的那部分還是不快樂。

我所有的防禦，最終只能讓恐懼更快地變成我的宿命。

也許，我可以和你談談我內心的恐懼。如果我們可以一起談談這些恐懼，也許我們的生命會更放鬆一些。

男人會發現，女人這樣表達她內在的深層恐懼以後，他也會嘗試著談談自己對脆弱是多麼的恐懼，他恐懼妻子的脆弱，但其實他真正恐懼的是自己的脆弱。

男人可以哭著說，當他發燒的時候，她就守在身邊。他想起自己小時候發燒，媽媽忙著工作，把他一個人鎖在房間裡，他在黑暗中哭泣的場景。

而這樣的孤獨和荒涼，也可以激發出女人過去相似的經歷。她可以溫柔地抱他，她發現，當他們可以互相分享脆弱的時候，他們釋然了，放下了，可以更親密地在一起了，因為這些脆弱，他們可以更有力地連接在一起了。

真正的、真實的依戀由此生發出來了。

這就是創傷治癒的過程。它最需要被看到、被溫柔但有力地觸碰，需要被理解、被懂得、被分享。

當這樣的共鳴發生的時候，我們就不會被創傷隔離，情感終於也可以得到繼續深入的發展。

出軌的人到底在想些什麼

當我們無法理解對方的想法時，
就會把自己幻想世界中的惡魔角色安在對方身上。

……

「為了一個認識不到一個月的女人，他居然可以置十多年的情感不顧，就這麼把婚姻毀了！」

「為什麼他如此冷漠，在我痛不欲生、淚如雨下的時候，居然還跟小三打情罵俏！」

「她是孩子的媽啊！怎麼可以把孩子拋在一邊，晚上跑出去和別人廝混！」

「他在跪求我原諒之後，沒過幾天怎麼又和那個女人聯繫上了？！」

出軌的人到底是怎麼想的？

婚外情這層布幕被掀起之後，我們看到的是各種讓人難以理解的劇情。我們會在一夜之間完全無法認識眼前這個曾經最親密卻突然變得如此陌生的愛人。

當你知道對方是怎麼想的，當你理解對

方的想法，也許你們的關係還有一線生機。最怕的是你把對方「黑化」，把對方「物化」，聽憑內心的情緒狂魔亂舞，最終把本來還有希望的關係徹底毀滅。

要瞭解出軌者的心情，我們首先要瞭解其需求。

人一生中，主要是圍繞著兩種恐懼。

第一種恐懼是分離：爸爸／媽媽不要我了。

有分離創傷的人，最無法忍受無回應的世界。

朋友曾給我描述過，媽媽因為忙於工作，經常把她送到親戚家寄養。她一覺睡醒後，發現自己在別人家裡，一開始她還痛哭，躲在床角向隅而泣，後來她慢慢習慣了，為此媽媽還誇她懂事。成年以後她發現，在親密關係中，她非常害怕各種被拋棄的經歷。

她需要隨時有人陪伴，否則她將再次回到那些可怕的瞬間。但在某種程度上，她又不喜歡自己這種隨時隨地都需要陪伴的感覺，渴望能擁有自己的獨立性，擁有一個強大的自我，卻做不到。

第二種恐懼是閹割：爸爸／媽媽要揍我。

文的爸爸是當地有名的書法家，從小他就在爸爸嚴格的教導下練習書法，一個字寫得不好了，爸爸就會把整張紙撕掉。有一次甚至往他身上潑墨汁，把筆都撅斷了。

長大以後，他無法忍受任何衝突的場面。他成為調和氣氛的專家，有能力讓在場的所有人都非常愉悅，卻不能讓自己歡樂，因為他必須壓抑自己的很多需要來滿足別人。他多麼希望可以自由自在地做自己啊。

以上兩種因恐懼產生的需求是如何導致出軌的？

第一種出軌往往出現在這些時刻：丈夫長期出差，妻子長期體驗到久被遺忘的分離的痛苦。這個時候，如果她工作失意受挫，有一個「暖男」出現，理解她，安撫她，這種誘惑就難以忍受了，因為她決不要回到醒來之後發現只剩下她一個人的家裡，那種感覺很恐怖。

第二種出軌則會是這樣的時刻：丈夫目睹了自己的父親是如何欺負母親的，他決心要做父親的反面——成為一個絕對完美的丈夫，他要把自己的一切都獻給生命中最愛的女人。可是幾年過後，他發現找不到自己了，此時一個風情萬種的女同事出現在他的生活中，他帶著巨大的恐懼和誘惑「飛蛾撲火」。

一言以蔽之，前者是追求安撫，後者是尋找自我——通過探索和冒險來實現。

要瞭解出軌者的心情，還要理解其人格水準。

我們的人格水準有兩種：分裂、壓抑。

分裂：黑白分明，要麼把你理想化到天仙，要麼把你妖魔化為惡魔。

一個男人可以在婚前把你當成女神來看待，希望你可以幫他應付自己無法應對的——他媽媽的控制，逃脫被閹割的恐懼。但婚後，發現你不能幫他搞定他的媽媽，對你極端失望，於是你就被他貶到「女奴」的冷宮。

一個女人可以一直都信任你。但在她產後大出血的時候，你因為手機信號不好沒有及時趕到，她會從此記恨你一輩子。因為你關鍵時刻沒有提供安撫，就被劃到黑名單，被認為是極端不靠譜的人。你是她生命中的守門員，之前多少次成功的撲救都無法抵過一次失誤。

犯錯一次，比賽結束。這樣的人從小的經歷太艱難，他們很難容忍一絲一毫的誤差。他們無法同理心別人，在親密關係中完全退行為嬰兒，完全是單向的關係。

哪些人是分裂型人格？

- 恒定地把他人物化。對他們來說，真正可以實現妻子如衣服、丈夫如衣服這樣的境界。
- 萬花筒式地把他人物化，他們的關係永遠都是變化的。

比如對你非常非常好，然後忽然一夜之間你成了女奴，因為他又愛上了另外一個女人。當他們的關係完蛋以後，他又開始把你捧在手心，你又成了他的女神。

總之，無論如何你都不曾被他當人看，你只是他人生幻境的配角。他強行把角色安排給別人，從未真正理解這個世界，也從未理解過他人。

這樣的人是無法真正體會他人的情緒的，他們只能感覺到自己的情緒。所以他們無論怎樣都是要他人理解自己，就好像出軌的不是他們，而是對方。

壓抑：總是很能理解別人，但最大的痛苦來自內在——這個世界不能有任何殺傷。

壓抑型的人內心是衝突的，他們總是困惑：為什麼這個世界要這麼虐待我？我出軌，那是因為這個世界對我不好啊！我永遠都是對的，錯的是這個世界。

如果壓抑型的人傷害到他人，內心的自我批評又會把他們吞噬掉。

壓抑型出軌者如何應對內心衝突？

1.鬥：反戈一擊類型的出軌者

- 對外攻擊：我之所以出軌，是因為你對我太差，我的出軌是不得已的。
- 對內攻擊：我是人渣，我負荊請罪，你再給我一次機會吧。我改，我改，我改！

無論是哪種攻擊，本質都是無法承受內心對自己的指責，他們要麼害怕伴侶離開自己，要麼害怕外在的懲罰。比如讓周圍人知道後會讓他們覺得顏面掃地，或者他們內心的道德感會認同妻子的眼淚，把自己罵成人渣。

在這種道德毀滅性的壓力下，或者害怕失去關係的恐懼中，他們試圖掌控局面，或者希望把責任推到對方身上，或者扮演贖罪者，以減緩強烈的衝擊。

2. 跑：逃跑類型的出軌者的潛規則也有兩種

- 跑到事情中去。比如成為工作狂，拼命工作。
- 跑到道理中去。比如為自己的出軌找各種理由，展開出軌合理化的大辯論。

第一，真愛合理化。

「只要我真的愛那個人，婚外戀又有什麼不可以。」

「只要我並不是真的愛那個人，出軌又有什麼不可以。」

第二，無傷合理化。

「我出軌了，可是只要不讓伴侶知道就不會傷害到他（她）。」

「一夜情，或者是偶爾的逢場作戲並不會影響到我的婚姻。」

第三，自由合理化。

「生命只有一次，就應該盡情享樂，能從情人身上得到一些伴侶不能給予的快樂和滿足又何嘗不可呢？」

「如果只對某一人忠誠，我註定要受傷。」

「一夫一妻制並不意味著我沒有權利去追求快樂。」

「沒有必要犧牲我的快樂去討伴侶歡心，或給他（她）安全感。」

第四，用他人的利益合理化。

「婚外情能讓我的需求得到滿足，又不會破壞我的家庭，我這樣做也是為了孩子。」

第五，本人能力合理化。

「我根本就控制不了那種衝動。」

「我天生就花心。」

「男人都喜歡拈花惹草。」

「我從來沒說過自己是個完美的人。」

第六，隱私合理化。

「夫妻之間都會有不想讓對方發現的祕密。」

「我有權利隱藏我的祕密，伴侶不會真正瞭解我的全部。」

第七，邊界合理化。

「伴侶對我外遇的事睜一隻眼閉一隻眼，那就說明我不要太招搖就應該沒事。」

合理化類型就不逐一分析了。這些合理化的結果就是：我是對的，我沒有錯。

這個時候，雖然很多出軌者會做種種自我辯解，但從他們的身體語言中可以看到，他們其實也在強烈的自我攻擊中。這種辯解與其說是講給別人聽，不如說是他們在自我的道德法庭上的申辯。他們說那麼多無非就是表達幾個字：饒了我吧。

我們要區分兩種無情：一種是分裂的無情，是真無情；一種是壓抑的無情，是假無情。如果允許自己的感情出軌，往往最後也會無法原諒自己而自殘甚至自殺。

我曾有一個觀點：很多出軌者不是不負責任，而是太過於負責，才會不負責。他們覺得要為伴侶負全責，但為他人負全責，就意味著對自己不負責，另外也無法完全為他人的喜怒哀樂負責，最後，他們不堪重負，只有試圖維繫關係的外殼，而私下裡尋求自己的滿足，這就是他們出軌的真正原因。

壓抑的出軌者往往生活在自我和他人利益的衝突之中，他們無法讓一段關係全心全意地進行下去，因為他們不知道如何平衡兩者的關係。如果追求自我，他們會譴責自己；如果成全他人，他們會餓死自我；他們試圖腳踩兩隻船，又遲早會有敗露的一天。

3.僵：往往在出軌敗露的最後階段，雙方會進入僵死狀態

扮演憂傷的小孩：我對不起妻子，毀掉了完美的婚姻；對不起孩子，我是一個壞爸爸；對不起小三，她跟著我，把最美好的青春獻給了我，現在再嫁人難了；更對不起我自己，我到底想要什麼，我想要的，為什麼總是難以實現？

此時他們如果流露出對情人的內疚，會引發伴侶新一輪傷心；如果流露出對伴侶的內疚，又會引發情人新一輪傷心，於是他們就進入到抑鬱狀態——人生毫無意義。

扮演迷茫的小孩：如果出軌者是一個囉囉嗦嗦的人，他到底想要幹什麼他自己也不清楚。回歸吧，他對妻子的感情已經不多了，而且妻子能原諒他嗎？以他對妻子脾氣的瞭解，他可能要背著這個罪孽過一輩子；離開吧，內疚感會把他毀掉，而且前途茫茫，情人好像是妻子的翻版，現在也沒剛開始那時可愛了……

究竟什麼決定著婚姻的走向？

出軌暴露之後，婚姻的命運取悅於兩個決定：你是知己知彼，還是被自己的狂暴情緒支配？雙方是否可以用成人的方式解決問題？

每個人在情緒爆發的時候，都會用分裂的方式來應對：把對方看成是狼外婆，把自己看成是小紅帽，這樣就可以用幻想來暫時抵禦一下可怕的衝擊。

情商高一些的人會在情緒平緩的時候恢復理智、認清現實，用壓抑的方式來應對危機。但情商較低的人就會沉浸在幻想中出不來了。對於太入戲的伴侶，婚姻危機的挽救可能性不是很大。如果你還能分清楚幻想和現實，危機還是有希望解決的。

在情緒的風暴中每個人都自顧不暇，你不要指望對方在受傷的時候還會搭救你。只有當大家的情緒穩定下來，同理心才會發生，療癒才會完成。

有分離創傷的人往往會被自己的創傷洗腦，任何風吹草動都會讓他認為是對方鐵石心腸要拋棄自己。

有閹割焦慮的人，會被自己的創傷催眠，伴侶的任何哭訴和痛苦，都會讓他認為是自己需要負責和修復的，於是他們就在自責和伴侶的痛苦中被摧毀，用「鬥、跑、僵」的方式來緩解自己的壓力。但這在有分離創傷的伴侶看來，是拋棄者新的罪證，於是他們的行為會換來新一輪指責——惡性循環由此形成。

雙方其實都在各說各話。分離創傷者說：你必須對我負責！閹割焦慮者說：你必須接納我！

當我們無法理解對方的想法時，就會把自己幻想世界中的惡魔角色安在對方身上。如果我們不因此有所覺悟，關係就會被負面誤解的癌細胞傳染到體無完膚的境地。

為什麼你出軌了卻不願意離婚

他只能像一個乞丐一樣，不得不逡巡於飯館周圍，
總是半饑半飽地活著，而不能起帆遠航，因為他的存糧不夠。

當婚姻遭遇出軌，往往會有三種痛苦。

第一種痛苦是背叛之苦：殘酷的現實讓被出軌方迷茫、傷心和憤怒。

第二種痛苦是不死不活之苦：出軌一方遊移不定，一會兒說要回歸家庭，一會兒又斬不斷外面的情，或者乾脆半死不活地耗著。

第三種痛苦是分離之苦：當婚姻關係要結束，面對真正的喪失時，又是別有一番滋味在心頭。

這裡，我們說的是第二種苦。

很多人都無法理解，為什麼一個人會長期滯留在灰色地帶，上演一場拉鋸戰，遲遲無法從三人遊戲中做出最後的決斷？愛就是二人遊戲，怎麼可能把一顆心分給不同的人？

其實在情感中，有兩種人喜歡玩這種腳踏兩條船的遊戲。一種是「躲貓貓」型的

人，一種是「要爽不能」型的人。

我們先說「躲貓貓」型的人。

有個朋友，他專情的時間不能超過三個月，超過三個月就會移情別戀。如果女友要離開他，他就一哭二鬧三上吊，絕對不允許女友離開他。一旦女友回歸，他又開始和其他女人曖昧。幾年的情感，就在不斷出軌、跪舔、再次出軌中度過。女友都要崩潰了，因為每次他的跪舔都極度真誠，和他分手就像是將一個小嬰兒拋棄在雪中一樣讓人於心不忍。

但事實又證明了一件事：他根本不能和任何一個人發生長期的一對一的關係。他的人生就是一場躲貓貓的遊戲。

所有人在孩提時候都玩過躲貓貓遊戲。我們是嬰兒的時候，當父母把自己的臉藏在手後面，然後忽然把手拿開，我們往往會開心地大笑。長大一些的時候，我們會把自己藏起來，讓父母來尋找，更大一些的時候，讓其他夥伴來尋找。

為什麼我們會熱衷這樣的遊戲？因為這樣的遊戲的主題是：分離與倖存。

父母的臉消失於手掌之後，對一個嬰兒來說是消失了，不存在了——這會讓孩子感到恐懼；當父母的臉又出現的時候，孩子會開心——原來他們還在！

孩子就是在和父母反覆玩躲貓貓的遊戲中，內化了父母的影像，這樣的影像越持久穩定，越是可以支持孩子獨自上路，走得越遠。

一開始，孩子無法讓父母離開自己的視線。孩子開始三翻六坐八爬，甚至學會行走了，開始探索更廣闊的世界了，但每當孩子往前走到一定的時間，就會回頭看一眼媽媽是否還在。孩子越小，內化的父母的影像越是模糊，內在的愛的油箱越是不足，越是需要父母的影像來加油。

父母的影像意味著愛，意味著安全和放鬆，意味著孩子的存活，首先是物理上的，更重要的是精神層面的。父母就是孩子的安全堡壘，就是孩子的愛的加油站，就是孩子生命存在感的隨身充電器。

每當孩子感覺到危險的時候，都可以到父母那裡充電。時間長了，就有了一個內置的安全發電站，讓孩子可以離世界更近，而離父母更遠一些。比如父母在廚房做飯，孩子在客廳玩玩具，雖然看不到父母，卻可以依靠內置的發電站，展現內在的父母的影像而自我安撫，而非必須要看到父母在眼前。

慢慢地，孩子長大了一些，兩三天不見父母的面，也不會慌，但兩三天過後，孩子往往就會發慌了——因為父母的影像開始模糊，安全感開始崩潰了。

孩子越大，離開父母的時間可以越長。等孩子內置的發電站可以持久地提供安全感時，就不必對誰有某種人身依附關係也可以獨立存在了。

可是如果安全感內置的過程被中斷了，我們可能就要用其他手段來修復，比如躲貓貓遊戲就是一種無意識的「自我修復」程式。

我們這個時代盛產「巨嬰」：成人的外表，內裡還是虛弱的小孩。這樣的人像是一隻小寵物一樣長大，沒有人關心他的內心，以至於他也不認為人是需要有內心戲的。對他而言，生命就是一個又一個忍耐的遊戲，他需要做出很多社會化的動作，這些動作為什麼要做，因為他沒有更多的自我覺察力。因為他在過去的生命中，情感、情緒都不被他的原生家庭接受。

我帶兒子去旅遊，當他第十次喊「好熱」的時候，我就受不了了，嚴肅地告誡他：男孩子不能老是這麼當眾喊熱，要做一個「男兒有淚不輕彈」般的男子漢，就要把這些感受壓在心裡。

說完這些話，我自己也感覺好笑，看來我小時候就是這樣被意識形態教育的——男人是不能有感受的，否則就是娘娘腔，而一旦失去了男性的身分認同，男人就會陷入恐慌之中。

事實上，這時候孩子最需要的是父母有幽默感的調侃：哇，是啊，真的熱得要瘋啦，讓我們看看誰流的汗最多吧？

父母可以調解孩子對酷熱環境產生的內心不適，而非讓孩子壓抑自己的難過，孩子可以從中學會如何應對生命中的種種不適（雖然壓抑也是一種應對方式，但畢竟不是最好的方案）。

孩子的做法不被原生家庭接受，時間久了，孩子可能無法累積出足夠多的安全感——

因為他的安全感的需求總是得不到滿足，甚至被貶損，而他又不知道如何去消化這些不安全感。他只能像一個乞丐一樣，不得不逡巡於飯館周圍，總是半饑半飽地活著，而不能起帆遠航，因為他的存糧不夠。

一方面他想擁有自己的帆船，擁有自己的航行；但另一方面他又沒有足夠的安全感，於是只能繼續在親密關係中玩早期關係的遊戲——躲貓貓：我想要離開你，擁有我自己；但我又無法離開你，因為我沒有足夠的安全感到外面去闖。

我們拿著蠟燭去很深的洞穴探險，當蠟燭燃燒到一半的時候，我們就不得不返回了，因為再往前走，我們就要冒著一團漆黑的危險了。

但很多出軌者的內在，是生活在一種悖論裡的：

- 我要離開你，因為這樣的關係很壓抑，我感覺到被忽略，我想要更多的愛，可是我不能離開你，因為離開你，我就覺得生不如死。
- 我要離開你，因為這樣的關係很窒息，我感覺到要被你吞噬，我想要有更多的安全，可是我不能離開你，因為離開你，我就覺得生不如死。

「躲貓貓」型的人，一生都在努力解決一件事：如何既與他人融合，又與他人分離而獨立。與他人融合，對他來說是一種自我的滅亡——被內在的父母吃掉。

比如，我如果沒有覺察到，不斷批評我的孩子，不允許他表達熱，那麼我就吃掉了我的孩子，不允許他有自己的感覺。如果他要存活於與大人的關係之中，他必須捨棄自己。這就是他的存在感消亡的時候。

如果他說「爸爸你說錯了，你太吵了，我要自己走，你別和我一起走了」，肯定會因獨自面對這個世界而感到恐懼，因為他從未被鼓勵的自我很孱弱，無法應對外面的世界。這樣，他長大後很可能會陷入躲貓貓的遊戲裡——通過出軌來和妻子融合，又在一個世外桃源處擁有自己的「絕對掌控感的自我」。

我們再來說說「要爽不能」的人。

一個人想要爽，卻不能爽。為什麼不能爽？因為「爽」這件事妨礙了他人，所以不能爽。為什麼妨礙了他人就不能爽呢？因為這個「他人」不是一般的人，而是父母。

比如，一個孩子想和爸爸好，媽媽吃醋了，因為爸爸看女兒的眼神是那麼的柔情，爸爸從未這樣看過媽媽。

比如，一個孩子想和媽媽一起睡，這時候爸爸生氣了，因為他本來晚上想和妻子一起商量一件重大的事情，現在吵鬧的孩子礙了事。

比如，一個孩子本來想高高興興地和其他小朋友一起玩，但剛剛被爸爸罵了一頓的媽媽正在哭泣，這時候這個孩子也不能高興，如果高興，會顯得他太沒心沒肺了，他需要去安撫受傷的媽媽……

很多時候，有人會問我：似乎我內心有一首托塞利《小夜曲》——非常哀傷的基調。每當我快樂的時候，《小夜曲》就會奏響，我覺得這個世界有些不正常，有些恐懼——這是我不熟悉的世界，好像我不該這麼快樂。

在一個禁止歡樂的家庭裡，很多人就生活在痛苦的壓抑之中。如果他們找到非常歡樂的女人做妻子，總是會鬼使神差地被憂鬱的女人吸引，迫不及待地想和她在一起，似乎他們才是同類。

他們的痛苦就在於，他們想生活在陽光下，卻像已經習慣了黑暗的潮蟲一樣，難以適應強烈的日照。於是，他們試圖往返於黑暗和光明之間，兩者兼有。

他們的世界，沒有過渡色。因為無法讓自我和他人之間取得動態的平衡，他們選擇用時空來分割無法調和的人生；因為無法讓歡樂和悲傷、興奮與壓抑之間取得動態的平衡，他們選擇用時空來分割自己的生活。

他們把自己的生活活成無間道：他們缺乏一個可以幫助他們找到既和他人融合又擁有自己的方式，或者他們缺乏一種把興奮和壓抑糅合在一起的能力，只能把自己的生命分裂成無法整合的碎片，這些碎片最後會把他們及其所愛折磨到崩潰。

還是拿我和我兒子舉例。比如我不希望聽到孩子總是說熱，但同時又希望孩子的自我得到尊重，我就會用文中那種幽默輕鬆的開玩笑的方式，讓孩子瞭解我的意願，同時也照顧了孩子的顏面。

或者，我應該處理好自己的情緒，在此基礎上，我說出的任何話都不會對孩子造成傷害。這樣，孩子就不會因為我的情緒而不得不壓抑自己的情緒來迎合我了。反之，會導致他的自我在父母的靈魂下呻吟，在父母強大的自我面前失去自己的意志。

從這個角度上看，出軌的人其實是在用最愚蠢但也最讓人悲傷的方式試圖找到自我。這種找到自我的方式，恰恰重現了當年他們的父母是如何蹂躪其意志的。

任何一種傷痛，其實都會讓你更接近成長，只要你願意看見，願意理解。否則，你只是一次次絕望地重複當年父母傷害你的遊戲。

所有的傷害，都是有意義的，只要你願意學習。

出軌是毒癮？那什麼是解藥

這個世界沒有完全安全的伴侶，
因為所有的安全感，是來自你自己。

出軌就是試金石，檢驗的是你的三觀（世界觀、人生觀、價值觀）。

被出軌重創的人，他們的安全感往往是建立在伴侶不出軌的基礎上的：沒有出軌的世界是美好的伊甸園——舉案齊眉，魚水和諧；出軌的世界，就是人間地獄，就是把他們扔到火星上，完全無法擁有確定感，沒有安全感。

一個嬰兒，可以坦然地走上高速路，面對時速一百公里的汽車，因為他的頭腦中沒有B方案，只有A方案：我的世界，我做主，一切對我都是友好的，我不知道什麼是危險。可是一個成人，要如何做到對人生、對婚姻毫無不良預期呢？

很多人在諮詢室裡最想知道的是：他出軌了，又回歸了，可是未來呢？

有人說，出軌就是毒癮，有了一次就會

有第二次，有了第二次就會有第三次，乃至無窮次……

閨密說：出軌的男人就別要了。可是當初她的男人就是按照最不可能出軌的類型找的啊。

朋友說：以前我認為就算這個世界上全體男人都出軌了，我們家老王也不會。現在連他都出軌了，什麼樣的男人才安全啊？

真是沒活路了。這樣的人一直都生活在A方案中。因為對他們來說，B方案是無法想像的，就像是一個嬰兒被車碾過以後，如果還活著，根本不知道如何才能走過如此兇險的道路。

他們窮盡一生尋找絕對溫暖、絕對純粹的世界，為之努力的，是一種排除了所有傷害的生活。

可是，這樣的世界並不真實。

很多會問「這個男人還可以相信嗎」的女人，往往選擇了絕望的相信，或者自欺的相信，或者不相信的相信。她們會不斷催眠自己，自己也許可以成為小機率事件的幸運兒，甚至會努力說服自己不要介意：男人都是那德行，等他不想玩了，就會老實回歸了。

這是沒有自我保護膜的人唯一能做的事情：如果不能讓疼痛停止，就讓自己的感覺停止。

這也許可以解釋為什麼有的婚姻哪怕已經殘破不堪、慘不忍睹了，兩個人可以一年都不說話，一年都不見面，依然還需要婚姻的那層殼。對他們來說，就算是維護徒有其表的殼，也好過徹底地進入到B方案的世界。

B方案的世界是解決問題的成人世界，而不是假裝問題不存在的童話世界。成人世界和兒童世界最大的區別是：落棋不悔。沒有如果，沒有但是，沒有奇跡，沒有回頭路，只有單行線。兒童的世界，是充滿了對錯的世界；成人的世界，只有輸贏。

用兒童的眼光看：你出軌了，你犯錯了，所以你要贖罪，你要悔改；用成人的眼光看：為什麼會出軌？哪裡有問題？怎麼解決？難度是什麼？我們的能力足夠解決嗎？哪裡有資源？如果解決不了，我該如何應對？

兒童的世界多簡單，多省事，成人的世界多麻煩。誰都願意省事，可是前期省事的代價就是後期非常辛苦，就像是做了偷工減料的工程你要負責擦屁股一樣。

成人的世界前期很辛苦，後期很省事。兩相對比，能量守恆，這個世界誰都沒有便宜占，你想有這個福利，就要付出那個代價。

那麼問題來了，為什麼有人無法接受溫室以外的世界，為什麼有人在一個充滿了危險的世界裡無法生存？因為缺少培訓。

曾經看過「狼孩」的新聞，說有個孩子被狼撫養大，回歸到人類社會，智商偏低，會說的語言也很少，花了很長時間才能適應人類社會，最後還早夭。這就是缺少人性的訓練，得到了太多動物性的訓練。

什麼是人性的訓練？這是老生常談了：前有導，後有靠。

前有導：你不知道路在何方，有「導遊」帶著你走；後有靠：你累了，可以有地方休息，可以有你所愛的人擁抱你、理解你、安慰你。

有人疑惑，這人生的路怎麼這麼累呢？因為有人缺乏導遊，有人缺乏擁抱。

缺乏擁抱的人，容易恐懼，還會在伴侶試圖回歸的時候把種種無法調解的情緒發洩出來，於是就會發生這樣的事情：彼此永遠都趕不上對方的步調，總是錯過。

丈夫想要回歸了，試圖彌補一下自己對妻子的傷害，之前苦苦渴望丈夫回歸的妻子卻勃然大怒，一改之前苦苦哀求的姿態，能有多驕縱就有多驕縱。丈夫惱羞成怒，負氣出走後，妻子又恢復了之前可憐巴巴的樣子。

丈夫心軟，妻子又故態復萌；如此再三，妻子再試圖挽回的時候，丈夫已經冷若冰霜了；妻子心冷如灰了，丈夫又舊情難忘，想要回來試試，妻子卻一副拒人於千里之外的姿態，丈夫挫敗，灰頭土臉……

兩個人總是默契地演出這樣的劇碼：你挽回，我排斥；你排斥，我挽回。為什麼要這麼彆扭呢？因為妻子試圖把自己無法消化的恐慌、憤怒、傷心和迷茫發洩在丈夫身上，讓他來幫助自己承擔；而丈夫也試圖把自己無法消化的羞恥、內疚和迷茫硬塞給妻子，試圖讓她來接納自己。

簡單說就是：互相希望對方當媽，自己當孩子。兩個孩子拼命地沖著對方的乳房啃去，結果吸了半天，什麼都沒吸到，彼此的胸口都是一片血跡。

缺乏「導遊」的人，容易迷茫。

有人會說，你老是說B方案，什麼是B方案，我怎麼面對伴侶出軌這件事啊，來點實用的方法。

A方案會告訴我們：這個世界應該是無菌的，細菌都是要殺人的。

B方案會告訴我們：這個世界應該是有菌的，大多數細菌都是可以利用的，就像是我們大腸裡有很多細菌，並不是煩人的入侵者，它們是我們請來的重要客人，不僅能夠幫助我們消化和處理食物，還能提供基本的維生素。它們的作用還表現在幫助我們抵抗那些有害細菌。

A方案的人是缺陷取向的，前提是自己毫無辦法應對這個世界。

B方案的人是資源取向的，前提是自己可以從與這個世界的交鋒中學到一些東西。

要從與這個世界的交鋒中學到什麼東西呢？主要是觀察力。比如出軌是不是會上癮呢？「導遊」會回答你：有上癮體質的人，一定會上癮。

那麼，什麼是有上癮體質的人呢？無法用言語消化情緒，只能用身體和行動來消化的人，就是有出軌上癮體質的。

出軌往往會在一些特殊的時期發生：比如父母去世、孩子離家、遭遇重大疾病危機；或者戒斷一些成癮習慣，比如吸煙；或者在工作事業上遭遇了始料未及的成功或者失敗；或者當第一個孩子出生的時候……

如果一個人沒有足夠的情商能力，無法用言語的方式，比如傾訴來表達自己的情緒，無法對自己的情緒有更多的覺察，無法通過情感的交流和合作來解決內在和外在的危機，而習慣求助於用身體代謝——喝酒，或者行動代謝——和別人衝突或者出軌，這樣的人，就屬於出軌的高危人群。

但是，並不是說沒有出軌上癮體質的人就會讓你一輩子安全了。因為未來是無法預料的，生命就是不確定的。而且更重要的是：你是否擁有誘發伴侶出軌的體質？什麼樣的人會有這樣的體質呢？其實和出軌上癮體質的人一樣，都是言語化功能不強的人。

有人說，我超級能說，每次都能把我伴侶說得痛哭流涕，我的言語功能還不強嗎？我們這裡說的言語功能，不是你的推銷功能，而是你有否超越用身體和用行動來擁抱的能力。

當你必須有伴侶的擁抱才能踏實，伴侶必須天天回電話你才能踏實的時候，你就缺乏通過交流、通過更省力的方式獲得對方安撫的可能性。

嬰兒是需要時刻的擁抱的，是需要時刻的回應的，如果你身陷這樣的需要之中，說明你這部分需要是要好好地補足的。當你可以超越這樣的需要的時候，你就可以有足夠的自我安撫的能力了。

當你可以不用做「巨嬰」的時候，你才會和更高層次的伴侶生活在一起，你們的生活才會遠離各種奇葩的故事。而且你們也會用合作的方式，而非用奇葩的方法來解決衝突。比如你們都要對方當媽的遊戲，就可以告一段落了。因為你們都餵飽了自己，也就可以玩一些更高級的遊戲了。

這時，你進入到「不確定感」的世界裡，而且喜歡這樣的世界。你無法讓生命充滿確定感，你唯一能確定的，就是你擁有面對不確定感的能力。

總而言之：

- 你有足夠多的擁抱感：當你可以在危機之中擁有自我安撫和尋求他人安撫的能力（很多人在危機中才發現自己根本沒有朋友，雖然電話簿裡有幾千人的聯繫方式，但都是點頭之交。）
- 你有足夠多的力量感：你可以看清楚形勢，找到問題的癥結，比如判斷伴侶有沒有出軌上癮體質，自己有沒有誘發伴侶出軌體質？如果有，你需要圍繞這個問題進行努力，如果對方不配合，你要做出什麼選擇。

這個世界沒有完全安全的伴侶，因為所有的安全感都來自你自己。

沒有B方案的人，註定一生都不會有安全感。沒有足夠的訓練，一個嬰兒是很難安全過馬路的。

選擇忠誠，並不代表婚姻就永遠安全

劉墉說：「愈是沒身分、沒地位、沒財產、沒退路的男人，你愈要小心。」

婚姻中到底什麼是最重要的？你的答案往往決定了一段感情的最終走向。

如果你選擇了「忠誠」這兩個字，那麼，我可以負責任地告訴你：你給自己的婚姻埋下了一個不定時炸彈。

一般什麼樣的人會選擇「忠誠」這兩個字呢？

「聽媽媽話」的人

這樣的人往往涉世未深，卻主意很「正」。他們明明什麼都沒有經歷，卻要裝作一套老年婦女的價值觀。

老年婦女們有時候會這樣看人生：這世界就是一個牲口棚，大家的任務就是吃喝拉撒加交配，交配的目的就是生孩子，生完孩子以後看到孩子繼續交配生了下一代，任務就完成了。

這就是一個精神世界的窮人的看法，展現的是一個女性獨立、卻沒有精神武器的年代。這個觀念告訴你：情感根本不重要，重要的是有一個人能跟你過一輩子。如果遭遇末日，那你會死得很慘，會成為精神殘疾。

可惜，這些道理是有保鮮期的，如果時光倒退幾十年，也許在那個人身都無法保障的時代，我們的確可以如此生活。但是在愛情至上的年代，不僅是物質層面貧富差距在變大，而且幸福度的貧富差距也在變大。人人都追求有恩愛可以曬的境界，卻要在現實中不得不過一種以交配為中心的生活，這的確太讓人分裂了。

所以，如果你選擇了以忠誠為中心的生活，意味著在某種程度上你必須要杜絕七情六欲，杜絕心動，變成一座精神寺廟。因為這種所謂的忠誠是建立在恐慌的基礎上的：你不知道如何面對伴侶的欲望，以及自己的欲望，害怕一旦遭遇背叛，就是你人生的窮途末路。

選擇這樣的生活其實是在說：我很無能，不知道如何應對更複雜的生活，所以我也要找一個性無能的人，這樣我就安全了。

「受夠了優秀男人／女人」的人

「好貓有九賴」，這句話是我小時候在一本養貓指南上看到的：但凡名貴貓，大多會有怪癖。這讓我深深理解了什麼叫作辯證法：一切都是有代價的。

如果你是「外貌協會」的，就會發現你看得上的男人，很多女人也同樣看得上；一個被很多女人看得上的優秀男人，他的選擇會很多，為什麼他一定要忠誠於你？憑你的相貌？憑你的能力？這個世界到處都有比你強的人，讓這樣優秀的人愛你一生，憑什麼呢？

所以很多涉世未深、初生牛犢不怕虎的女孩，在愛情中一旦被條件優秀的男人傷害得太深，就容易心灰意冷，最後乾脆找個「暖男」嫁了算了。她們會回頭認同當年嗤之以鼻的理論：一切的愛情，不過是自欺欺人而已，我找了很多適合談戀愛的男人，現在也該收收心，找個愛我的、適合結婚的男人嫁了。

這樣的感情，只求穩定，只求長久，不求心跳，不求滿足，甚至只要你對我好，我對你也可以忍耐。

但問題是，這不是欺負人嗎？這種單向的情感中，對方又獲得了什麼呢？而且很多時候，因為你曾經滄海難為水，心中明明有所愛，只是因為受傷太重，才委屈下嫁，你的這種委曲求全，這種骨子裡的看不起，你以為對方真的不懂嗎？

第一種人，如果用一句話評價就是：我不會／我不配。第二種人：我不敢。無論哪一種都是在說：我覺得自己沒有能力，沒有資格，也無法應對有可能的傷害，不知道如何面對充滿欲望和誘惑的人生，所以我要找一個精神上沒有陽具的人。

選擇忠誠的人，不是真的人好，只是沒有機會放蕩，沒有能力放蕩。我們見過太多的「癩蛤蟆」現象了。在一段女強男弱的關係中，男人隨著地位和能力的增加而逐漸暴露出人性的另一面：他對你好並不是因為真的那麼愛你，而是因為他太自卑了，不得不依附你，以獲得更好的生活；或者他因為自覺條件太差，而和同樣自卑的你湊合在一起，一旦他發達了，就會尋求更好的平臺，以配得上他的升級層次。

所以成熟的女人都不太希望自己的男人太優秀，而希望他永遠在精神上疲軟，永遠保持孩子的狀態。這樣的話，他永遠都會在兒童期，而不會進入混亂的青春期。

但是不定時炸彈可能隨時會炸響，因為人性會本能地想要得到解放。任何男人都要面對他們必須要解決的主題：雄性競爭——需要完成男性尊嚴和價值的原始積累。那些留戀花叢的男人，是靠性獲得他們的自我價值。那些忙於工作的男人，是靠事業完成自我點贊的追尋過程。

而忠誠老實的男人，在事業和性方面往往都無法完成原始累積，其人生只剩下自我麻痹和自我消耗了。他們就是這兩個結局：不在沉默中爆發，就在沉默中滅亡。

忍辱負重的自卑男人，往往在婚姻中能活活把自己憋死；或者在中年危機的時候，找到一個理由完成對不尊重他的妻子的復仇；或者他有成就了，可以用拋棄對方的方式完成復仇；或者他遭遇重大打擊，比如父母去世、事業失敗，他可以把所有的原因都歸在妻子身上，這樣，他就可以理直氣壯地離開一直讓他窒息卻無力離開的關係；或者他在情場上得意，通過一個女人報復另一個女人。

這樣的人雖然老實，但也有脾氣、有尊嚴。

你嫁給一個老實人，其實你的潛臺詞是：就是因為你不夠優秀，就是因為你好控制，所以我才和你在一起的。沒有人願意接受老實人的稱號，因為這似乎在暗示：你不出色。

有人這樣形容老實人的家庭：讓人窒息的壓抑。很少有人能真正忍受這樣的關係，所以最終，它往往以各種奇葩的原因宣告破裂。

欲望的解決方式，其實就是這三種：

- 身體層面：我要做一個受戒的和尚，從此對其他男人／女人不再有色慾。以此保持我的忠誠。
- 行動層面：我拼命工作，忙得焦頭爛額，這樣就可以不用擔心我的色情問題。
- 精神層面：我完成了價值的原始積累，既不需要通過男人／女人來證明我的能力，也不需要通過工作來感覺到我的價值，我的價值來自我們彼此的深層交流。我的情商讓我變得更有情調，而非更加色情。

生活在精神層面，最終我很忠誠，不是因為我是精神上的和尚，而是因為我在情感中很飽滿，不那麼需要付諸行動。我可以對別人有色慾，卻不會成為色中餓鬼，非要通過一段段豔遇來遮蓋我內心對情感的饑渴。最終，做愛變成一件非常昂貴的事情，因為它需要身體的吸引、心靈的相融、精神的契合，而能完成這樣的性愛的，只有與你。

而生活在身體和行動層面，則成為杯水主義，誰都可以替代我們彼此，是因為我們從未發展出足夠扛過命運風暴的能力。

老實其實是有兩個境界的：吃飽了的老實，冬眠了的老實。吃飽了的老實人是真正的老實，因為他沒有那麼多的騷動要去證明強大，要去逃避脆弱。冬眠了的老實人，其實只是壓抑了他的騷動，一旦他有機會有能力了，終究要爆發的。劉墉說：「愈是沒身分、沒地位、沒財產、沒退路的男人，你愈要小心。」為什麼？因為他們太餓了。

如果你進入婚姻的動機是健康的，你的婚姻就不大會有問題。你不是為了逃避外面的殘酷才把婚姻當成溫室的，你也不是因為逃避對自己的無情指責而找一個同樣低自尊的人。

你需要用你的閱歷證明：渡盡劫波，我還在。

有這樣的心胸，才不會在炸彈忽然響起的日子裡失聲痛哭。

你才是重建婚姻的手術師

要想拯救婚姻，主要靠你自己，
就像你去爬喜馬拉雅山，
你可以有嚮導，可以有隊友的支援，
但沒有人會把你背上山。

擺脫三個誤區，你可以變得更幸福。

如果說婚外情像是一場車禍，那麼婚姻往往不是因車禍而死，而是因為「醫療事故」而亡。婚姻的創傷始於婚外情，卻是在庸醫的手裡斷送掉卿卿性命。

誰是庸醫？

我們自己。

婚姻危機發生了，想要修復很難，因為我們很難一人分飾二角：受害者和拯救者。

我們最難以應對的傷害，不是來自正面的襲擊，而是背後被人捅上一刀，而這個人還被我們看作保護者、滋養者和珍愛者。

此時我們進入到人生中最迷茫的階段：這個人到底是誰？愛我的人還是殺我的人？如果你愛我，為什麼向我捅刀子？如果你不愛我，為什麼又要靠近我？

這時候，我們很難從受害者的角色中走

出來成為重建婚姻的手術師，就像是遭遇了車禍的醫生，處於半昏迷狀態，是很難承擔起做手術的重任的。

而在另一端，作為出軌者，無疑也在人生最痛苦的時刻，他／她將遭遇兩場情緒風暴，一場是外在的，一場是內在的。

他／她此時也是一個受害者，而且更糟糕的是，他／她的傷痛很難得到其他人的同情，因為看上他／她似乎是一個兇手，而兇手就該去死。

婚姻往往死於拯救者和受害者兩種角色的錯誤搭配上。

第一種錯誤搭配：受害者VS受害者

此時最糟糕的就是，被出軌者完全站在受害者立場上，讓出軌者承擔拯救者的角色。也就是，一方完全放棄了對自己的責任，而讓一個連自己的情緒都兜不住的人擔任婚姻的手術師，其結果是進一步的傷害，於是一個「醫療事故」接著一個「醫療事故」，結果就是婚姻最終解體。

受害者角色的誘惑是：我受傷了，所以我就變成小孩了，你要負全責，你要把我的情緒和傷口修理好。因為你犯錯了，所以這就是你應該做的，如果你不做，就說明你沒有誠意。

完全沉浸在受害者的角色中，可以幫助你遠離傷害，而將希望寄託於拯救者。但問題在於，誰來拯救你？

在出軌事件上，兩個人都深受折磨。被出軌方遭遇背叛之痛，出軌方則名譽掃地；被出軌方希望出軌方展現誠意，出軌方則希望被出軌方展現寬容。

兩個人都以受害者自居。

第二種錯誤搭配：受害者 vs 拯救者

男人出軌了，經過一段時間的掙扎，決定回歸了，之前苦苦哀求的妻子忽然變得剛強了，因為她覺得安全了，不用擔心失去丈夫了。她的恐懼感消失，委屈和憤怒感就無法抑止了。丈夫努力想要取悅不斷訴說痛苦的妻子，用盡了最後一絲力氣，最後還是絕望了——可能她永遠都不會原諒我了。

而當丈夫開始考慮離婚的時候，妻子又慌了，開始理性起來，對丈夫百依百順地溫柔起來。於是丈夫又動搖了，想要回歸試試看，而此時他發現，妻子又故態復萌，橫挑鼻子豎挑眼，種種挑剔和為難，丈夫再次失望……

於是雙方就上演這麼一齣戲：一方扮演拯救者，一方扮演受害者。過一段時間兩個人角色互換，總之兩個人就是沒有交集。

第三種錯誤搭配：拯救者vs拯救者

出軌者會跟自己說：我都這麼傷害他／她了，我就要加倍對他／她好吧。

被出軌者會對自己說：既然他／她都回來了，我就選擇相信他／她，他／她也不容易。

兩個人一起目光炯炯十指交纏地說：那麼，讓我們重新開始！

真的嗎？

只有小孩才會相信這樣的把戲。

如果婚姻真的像辦家家酒，那就好了，可惜不是。

有兩樣東西是我們永遠都無法忽視的：一是欲望、需要，二是傷害。

比如，裝作從此不再需要婚外情的男人，終於裝不下去了；裝作絕對信任回歸男人的女人，終於裝不下去了。於是他們開始新一輪戰爭。

在腫瘤醫院門口有人告訴你，你根本不需要去醫院，只要吃了他的仙丹，你的癌症就會不治而癒。沒想到，還真的有人信。如果他的藥那麼神奇，他早就不需要在醫院門口騙人了——早就是億萬富豪了。

當一個人想要拯救你的時候，你要看兩點，一是這個人有沒有足夠的動力來救你，二是這個人有沒有能力來救你。如果兩者都存疑，你就不能像小孩一樣裝糊塗，而應該勇敢地相信自己。

事實上，我們必須牢記一句話：這個世界沒有救世主，要想拯救婚姻，主要靠自己，必要時才尋求他人的幫助。

別人的幫助都是要建立在配合你的基礎上的。就像你去爬喜馬拉雅山，你可以有嚮導，可以有隊友的支援，但沒有人會把你背上山，而是需要你自己一步步爬上去。

第 4 章

懂得絶情，才能真正地深情

有一種男人，花光所有運氣也要遇見

當大潮襲來，所有人都可以被洪水席捲，
只有一些「礁石」留下來，找到了自己存在的意義。

許多人對朴樹（歌手）有著近乎「溺愛」的情感，大概是因為每個人心中都有一個拒絕世俗拒絕成長的孩子，而朴樹就是這個固執的孩子。這個世界總是需要一些特立獨行的人代表我們去過想過的生活。我們愛這樣的人，其實是愛那個不妥協的自己。

朴樹這樣的男人能要嗎

朴樹有次上綜藝節目，主持人問他：「你為什麼來？」

他的回答是：「因為我需要賺錢啊。」

朴樹缺錢嗎？這幾乎是不可思議的，在二零零五年富比士中國名人榜上，他排在第二十六名，朴樹這名字值一千一百萬元。

他現在卻租住在順義，開了十幾年的國產汽車，實在不能修了，只好騎電動機車。

他不能用智慧手機，已經停產的便宜的諾基亞手機一直留在身邊。

他完全可以有另一個版本的人生。

一九九六年，這個可以把宋柯（音樂製作公司創始人）唱哭成淚人的長髮遮臉少年，被高曉松（音樂製作人）看上，一炮而紅，四年連出兩張唱片，火遍全中國，周銷量突破三十萬張。其實發片時間可以更早一些，但在慶功會上朴樹突然說：「唱得不爽，我要重新來。」

第三張唱片呢？花了十二年。

在最火的時候，他忽然失蹤了。因為沒有靈感，他就停止創作。

他的經紀人說，幸好我還有別的工作，否則會餓死。因為他對所有商演的態度就是：我不能去，因為那天我會生病。

在這個喧囂快速的世界上，他像一隻烏龜一樣活著。

「我們是不是非要那麼急迫不可？」朴樹問。是啊，非要那麼急嗎？急迫地想表現出眾，急迫地想賺錢，急迫地渴望成名……最後反而弄丟了自己。

蔣勳說：「每個人都急著講話，每個人都沒把話講完。」

朴樹就是這樣一個可以在高速公路上忽然停下來，只是為了一邊看夕陽一邊唱歌的人。

朋友得了癌症，他說：「你媽以後就是我媽，你的病我來治。」妻子提醒他卡裡根本沒錢，他說：「那我就賣身給唱片公司好了。」他還把幾乎所有積蓄都用於支持希望小學，最滿足的，不過是路邊攤那一點毛豆和啤酒而已。

在訪談節目上，當朴樹的妻子吳曉敏答完關於朴樹的種種，在場女生都傻眼了。主持人讓她們投票，會不會選擇像朴樹這種性格的男生做另一半，沒有一個人舉手。

如果你有個女兒，你願意她嫁給這樣一個人嗎？

這樣的人不符合社會對男性伴侶定下的標準。但是我們為什麼這麼推崇他們？一句話：因為他們有自我。

當大潮襲來，所有人都可以被洪水席捲，只有一些「礁石」留下來，找到了自己存在的意義。

我們都會喜歡那些可以相愛一生、白髮蒼蒼的伴侶，喜歡那些可以「一簞食，一瓢飲，在陋巷，人不堪其憂，回也不改其樂」按照自己意志活著的人。

什麼樣的男人可以託付終身

但是，這是不是我們這個時代最值得託付終身的男人？未必。

其實我們對這個世界大概就是這三種態度：紅塵人、檻外客、穿梭者。

什麼是紅塵人？

紅塵中的典型代表就是《水滸傳》所描述的世界，宋江和閻婆惜結婚，洞房花燭夜，宋江忽然起身出門，閻婆惜問：「去哪裡？」宋江答：「我要陪陪朋友們去。」

這就是典型的「外場型」的男人。他們的家是這個世界，而所謂婚姻也好，老婆孩子也罷，都是這個世界的附屬物。他們人生之根是在功業上，沒有事業，他們就一無所有。因為兒女私情對他們毫無意義，真正的意義就是能實現自己的野心和自我價值。

什麼是檻外客？

檻外客的代表就是朴樹這樣。他們所有的能量都用於營造一個桃花源，最好的方式就是在門口設置重重關卡，不到必要的時候，不會和這個世界進行能量的交換。

什麼是穿梭者？

達則兼濟天下，窮則獨善其身。他們可以自由地與外在和內在的世界周旋。最好的代表就是范蠡，當他幫助吳王復國成功後，就攜西施泛舟西湖，成為當時中國的首富。

你選擇和哪種人過一生？你認為哪種人是最好的呢？

哪種人都是最好的，哪種人都是最不好的。因為這取決於你的「人生主題」。

你此生的真命，出生時已註定

我們的人生主題，往往分為兩種：共鳴、互補。

什麼叫共鳴？

還是拿朴樹和吳曉敏舉例吧。朴樹有一天想吃皮蛋豆腐了，可是又懶得去做，就乾脆一口豆腐就一口皮蛋這麼吃。

吳曉敏呢，出門給朴樹買煙，然後消失三天，朴樹打聽到下落，說：「知道她還活著，就好。」

對此，他們說：「我們不怕奇葩。也就是說，只有我們倆才能過這樣的日子，因為我們追求的都是一種隨心所欲不逾矩的人生。」

《紙牌屋》中，法蘭克夫妻也可以默契到令人髮指的程度。法蘭克貴為總統，會找到妻子的情夫告訴他：「你不要太花心了，你要對我老婆好一些。」

他們不愛嗎？非常相愛。對他們來說，真正讓他們連接在一起的，不是性的忠誠，也不是情感的忠誠，而是野心的聯盟，他們雙劍合璧，才能成就一番霸業。這才是最核心的連接，其他都可以忽略。

什麼叫互補呢？

說說劉嘉玲和梁朝偉吧。

梁朝偉這樣的人，可以遠觀，不可褻玩。做他的粉絲很美好，做他老婆呢？很累。在他們的婚姻模式裡，某種程度上，劉嘉玲是個大姐大，梁朝偉則更像是一個被保護的小孩。

梁朝偉和劉嘉玲結婚最大的糾結，居然是覺得舉辦婚禮太累。二零零八年的不丹婚禮，一切創意及婚禮的諸多瑣事都由劉嘉玲負責，被記者問到自己在婚禮上負責什麼，梁朝偉愣了一下，說：「我去享受。」

裝修的事情也不理，同樣是劉嘉玲一個人全部搞定。而梁朝偉，裝修前拎著一個小箱子出門，等家裡所有擺設齊全，再拎著小箱子回來。

他還有點不懂人情世故。陪劉嘉玲一起去參加重要朋友的婚宴，別人都在觥籌交錯間談笑風生，有人來和他碰杯，他淡淡然一句：「我為什麼要和你喝。」話畢，又回到了自己一個人的世界。

而劉嘉玲則不是這種文藝青年模樣，剛進TVB電視台，還是個被人嘲笑粵語都說不好的大陸姑娘，但一年的時間，她就成為台柱。這麼多年過去了，比她天資好的，名氣比她大的，都慢慢淡出人們視線，只有她，依然是這個圈子裡最耀眼的那顆星。她是party女王，在家則能把梁朝偉照顧得妥妥貼貼的。

可是，她這麼辛苦，圖的是什麼呢？

毫無疑問，他們彼此都有對方不可替代的東西。梁朝偉最需要的，是一個可以叱吒風雲、搞定外場的人。而劉嘉玲最需要的，則是一個可以活在自己的世界，可以坐飛機到英國去餵鴿子隨心所欲的小孩。

每個人都有自己的陰影，這些陰影就是我們從小一直未能發展的那個部分，甚至是受過創傷的部分。

我們每個人都是，一出生就有命定人生主題的人。

比如朴樹，父親和母親都是北京大學的教授。在那個年代，北京的孩子考上什麼樣的大學，關乎父母和全家的面子。

我的出身也和朴樹相似，所以非常清楚，在這樣巨大期待下成長的孩子有怎樣一種體驗。如果你的父母都是北大教授，會有什麼樣的人生呢？答案當然是你最好對得起「書香門第」這個金字招牌。你有三個選擇：

- 上這個流水線，成為書香門第的一員。
- 特立反叛，一生過非主流的生活。
- 庸庸碌碌，成為不起眼的灰塵。

而我們做的選擇，是和父母潛意識的期待有關係的，比如：

一個鳳凰男（跟城市女生結婚的農村男生）的學霸父母的投射是：你一定要離開這個窮鄉僻壤，我很崇拜我的兒子，你是最棒的。

一個反叛孩子的北大教授父母的投射是：充滿焦慮地在這個世界上活著，太沒衝勁了，你一定要找自己的路，活出你自己！

一個凡人的成功父母的投射是：什麼事情都那麼完美，實在太累了，我希望你可以活得開心一些，不必那麼比較高低的活著，這樣多好。

但所有父母都是望子成龍的，只是他們的潛臺詞不一樣。於是**他們潛意識的期待就給孩子的內在世界提前預訂了一個框架，而孩子一生都會不知不覺地在框架的影響下活著。**

於是，你可能像朴樹一樣，尋找一個和自己有共鳴的女人，過一種陶淵明式的、不凡的叛逆者生活，與全世界的主流價值觀為敵。

你也可以像梁朝偉一樣，找一個為自己撐場面的女人，過一種安心做小孩的凡人生活。

你也可以像法蘭克那樣，跟人合起來，一起面對滾滾紅塵，雙劍合璧，完成不可思議的挑戰。

或者像劉嘉玲那樣，找一個和自己「內在小孩」協調的男人，在外面八面玲瓏，回到家裡可以跟丈夫一起做孩子，輕鬆地活著。

最好的感情，不是成全，而是成就

共鳴，增強我們生命中最珍視的部分；互補，補足我們生命中最殘缺的部分。

其結果都是一樣的，就是我們可以由此增強自我。

那麼，你入世也好，出世也好，往返穿梭也好，都由著你。只是，不要忘記：人生無常，而我們的感情也如是。

由於做諮詢，我見證了各種人間奇跡破滅。

每個人都有法寶，也都有軟肋。有的人，足夠幸運，不必走到法寶失效、暴露軟肋的時刻。但是大部分人，會走到窮途末路的時刻。

比如，一對夫妻一起創業，夫妻同心，其利斷金。多年的戰鬥友情，讓我們覺得他們的情感存款富可敵國。一旦妻子決定生孩子，或丈夫功成名就，連接夫妻的紐帶很可能就消失了。丈夫陷入中年危機，不知道自己要幹什麼，妻子陷入孩子世界，和丈夫咫尺天涯，於是，多年的情感大廈說塌就塌了。

像海明威那樣一生做硬漢的人，晚年發現自己死活寫不出作品了，怎麼辦？一槍把自己斃了。

大多數人這輩子都有一個問題要回答：當我這一套人設（指人物形象設定）行不通的時候，該怎麼辦？

物競天擇，適者生存，有B計畫的，往往能更好地適應社會，更好地讓種族延續下去。

我們從細胞開始，從胚胎開始，短短十月懷胎，完成了幾十億年的生物進化史。當我們出生以後，進化依然進行，我們從不會說話到會說話，再到意識到自我存在。而即使如此，我們依然還沒完成進化。

要讓自己更好地存活下去，更高品質地活下去，我們是八仙過海，各顯神通。像梁朝偉就能發展出讓人心疼的賣萌功能，就會需要一個媽媽式的女人現身；像朴樹，就會發展出讓人共鳴的叛逆自我，就會有同樣希望自由自在活著的女人與之共生；像張國榮，就可以發展出讓人迷醉的完美世界，擁有夢幻般的人生，用悲劇美學震撼人的心靈。

美滿的一生，如果沒有像流星一樣隕落的美感，一樣的閃耀，就不如一生穩定安好。

如果你在這個世界經歷得多了，就會發現，世間根本沒有好壞和對錯，因為一切的存在，都有其輝煌燦爛之美，也有陰暗荒涼之醜。

有人曾問過吳曉敏，嫁給朴樹累不累？她的回答是：挺美的！她說：「如果現在還有記者這麼問我，我還是會這麼說。你說你希望成為更好的人，卻找不到和世界交流的方式，但我要告訴你，這沒關係，親愛的，我在！音樂也在！」

在這無常的世界上，人類可能有一個「有常」的傾向，那就是我們可以更好地成就彼此，可以走出「保護層」的世界，可以「更真實」地面對彼此的「脆弱」。也許這樣的感情，可以超越時間的磨損，可以持續地成就我們的自我。

我所理解的更好的感情，不是簡單的拼圖，不是活在自己世界的小孩、活在外面世界的女人、兩個永遠的少年，永遠和外界保持距離……

朴樹可以觸碰自己一直想要迴避的人生至痛：我為什麼以這樣的方式存在？

梁朝偉可以接納面對外面世界時的不知所措和恐懼。

劉嘉玲可以真實地看見，如果自己放下那些面具，完全暴露自己內在真實，人生會發生什麼。

走出舒適區，我們的人生還有怎樣的可能性？

這不是成全彼此，而是成就了彼此。

我們經由親密關係，可以更有安全感地去面對當年無法面對的，接受無法接受的，原諒無法原諒的，愛無法愛的，恨無法恨的，認識無法認識的，放下無法放下的。

外面沒有對的人，等著你的，只有對的心，需要你去探索，去發現。

生命的所有意義，就像光明的意義，誕生於黑暗，而黑暗中的舞者，往往最銷魂。

愛情最好的模樣：女人教會男人柔軟，男人教會女人長大

真正適合在一起的人，就是和他在一起之後，
你會變得更好，而不是更糟。
情感最大的規律就是蠻不講理

《我的前半生》裡最大的三個謎題是：

- 為什麼賀涵和唐晶苦戀了十年，卻依然無法在一起？
- 為什麼如此驕傲的賀涵，卻移情別戀被他無限鄙夷的無腦女羅子君？
- 白光如此渣，為什麼羅子群還死活和他糾纏一生？

有人說，這不過是電視劇，何必認真？錯了。這部劇如果一定要有一個中心思想，那就是：**愛，從來不講道理。**

什麼是道理？

有一篇題為「相親價目表：我兒子才三十三，不考慮沒都市戶籍的女生，有戶口殘疾也可」的文章，引起輿論譁然。

都市一些公園的相親角落裡，白髮蒼蒼的老人們每日堅守於此，為兒女挑選結婚對象。「都市戶籍、未婚、有房、有錢」，是他

們眼中的標準條件。

有網友評論說，這是相親的悲劇之一，因為它把原本浪漫美好的愛情與婚姻硬生生變成了關鍵字搜索後的買賣關係。

門當戶對，就是很多人眼中的道理。

但如果我們的情感如此的話，那麼人就如同配種站的豬了，這世間的煩惱也會少很多——可惜，愛根本不認這套道理。

唐晶和賀涵，他們亦師亦友亦戀人，攜手縱橫職場江湖，看起來無比登對，勢均力敵。可是，在一起十年，始終無法修成正果。為什麼賀涵、唐晶在情感中那麼努力，最終卻是強弩之末、回天乏力？

子群不顧任何人的勸告，執意嫁給了愛情，婚後生活一片狼藉，卻也不肯離婚，一次又一次地原諒白光。為什麼羅子群和白光這對夫妻，天天生活在情感的生死線上，卻總是能苟延殘喘、不斷續命？

賀涵告訴子君摔倒了應該自己爬起來，又會在子君摔倒的時候失去理智地跑去幫忙。在傾盆大雨的晚上，賀涵不顧一切去接子君。為什麼賀涵會愛上一個當年他最看不起的女人？

經常會這樣：所有人都覺得應該在一起的偏不會在一起；所有人都認為最不應該在一起的卻鬼使神差有了結局，白首不相離。

如果你真的認為一切都是緣分使然，就太不懂感情了。這個世界的常態是：你無法強迫自己愛上誰，愛情的到來，永遠在你意料之外；你也無法強迫自己不愛上誰，愛情的離開也在不知不覺之間。**有人需要很久才會愛上一個人，有人需要很久才能忘記一個人，而在特定的時刻，愛恨的生和滅在瞬息之間。**

你的第一次情感摔倒，摔出了人生的四條道路

問世間，情為何物，直教人生死相許？

在回答這個問題之前，我們需要回答一個更本質的問題：人為什麼而活？兩個詞：生存、發展。

我經常會舉一個例子：一個人的一生，由他的第一次摔倒決定。

如果孩子摔倒了，父母有四種態度：

- 這孩子怎麼這麼笨啊！我怎麼生出這麼個孩子？
- 我們家寶貝，好讓人心疼啊！
- 無視。
- 先同情孩子的傷痛，然後再問孩子為什麼會摔倒，總結原因防止下次摔倒。

根據父母的四種態度，孩子會有人生的四大課題要解決：

- 父母覺得你應該是超人。
- 父母覺得你應該是溫室的花朵。
- 父母覺得你應該是空氣。
- 父母覺得你是一個「人」。

羅子君媽媽早年被丈夫拋棄，獨自辛苦拉拔兩個女兒長大。面對拋棄，她很矛盾。她的第一個念頭是：我應該是個很好的女人，拋棄我的男人是人渣！第二個念頭是：如果我的男人是人渣，我為什麼要和他在一起？我都被人渣拋棄了，說明我連人渣都不如！

所以羅子君媽媽身上有著非常衝突的兩面：一方面，她是個非常時髦的老太太，塗著鮮豔的口紅，穿著精緻的高跟鞋，永遠都花枝招展，四處撩人，追求高品位的生活；另一方面，口無遮攔，吵吵鬧鬧，渾身散發著小市民氣息，愛貪小便宜又愛慕虛榮。

她一直在為自己的幸福奮鬥著。一方面，她覺得自己應該是個公主；另一方面，她卻被困在社會底層。

她內心有兩個意象：一會兒她覺得自己是很美好的人，一會兒她覺得自己是很糟糕的人。她無法回答自己：我到底是誰？如果我很美好，為什麼活得這麼慘？如果我不美好，為什麼我一直都不能說服自己屈就這樣的生活？

這就是一個未成年孩子的困惑。

無論羅子君還是賀涵，都是在尋找失蹤的自己

一個孩子，當父母對他好的時候，可以百般寵溺；如果父母不爽了，對他就可以百般苛責。最後這個孩子內心有兩對父母，一對是好父母，一對是壞父母，他無法知道到底哪一對才是他真正的父母，下一次面對的到底是好父母還是壞父母。

如果完全把父母當成天使，萬一父母此時變成了惡魔怎麼辦？如果完全把父母當成惡魔，當父母用天使般的態度對他時，豈不是錯過了重要的寵愛？

這種無法整合之苦，會導致我們有兩個選擇：一是一頭紮到關係裡，苦苦求索；二是一頭紮到自己的世界裡，不再尋求關係。

羅家母女三人、唐晶和賀涵組合，就代表了人生這兩大取向。

比如，子群的老公白光本事沒有脾氣倒很大，讓子群低聲下氣到處去借錢，借不到還要嘲諷；盲目投資失敗兩次，每天窩在家裡，還要辛苦上班的子群燒飯給他吃。

羅家母女生活在關係的糾葛之中，無論如何受傷，都要苦苦抓住救命索，不肯放手，如飛蛾撲火，九死不悔。

而唐晶和賀涵則正好相反，他們永遠都要遠離可怕的關係，遠離可怕的依戀，遠離所有的脆弱，把自己塑造成神，生活在《冰雪奇緣》裡的冰雪皇宮裡。

這兩大取向，代表了人生兩大最重要的需要：一個是依戀，一個是自尊。

前文說過，一個男人最重要的是有能力打到更多的獵物，在部落戰爭中收割更多的人頭。能力決定他在這個部落裡的地位，弱者會被整個部落拋棄，他的後代無法延續。

而一個女人最重要的是能否在部落裡受到歡迎，因為她要面對的不是你死我活的戰鬥，而是必須相親相愛的環境。一個在部落裡沒有人緣的女人，是無法在自己生病的時候得到鄰居們照看孩子的幫助的。

對賀涵、唐晶來說，最重要的是他們的面子、價值、尊嚴，他們耗了十年，就是在等對方低頭。而對羅家母女三人來說，最重要的是，是否有足夠的關係獲得他人的幫助，可否依戀他人。

從這個角度來看，每個人都是絕世高手，因為每個人從小都有一套童子功要練習。賀涵、唐晶他們得到的可能是第一種父母的對待——你摔倒，就會被視為弱者，所以他們的生存成本很高——必須時時刻刻做到掌控局面，做到完美，而脆弱、懦弱、恐懼、傷心、茫然無措都被他們永遠封禁。所以他們才可以在外面表現得如此無懈可擊、滴水不漏。

而羅家母女三人呢？面子對她們來說永遠都不是最重要的，最重要的是「關係」，沒有關係，就沒有一切！

在第一集，我們就看到羅子君的「抓關係，提需求」的能力。下雨了，子君因為自己的鞋子是羊皮底不能沾水，可以堂而皇之地跟閨密的男友提出繞路送她回家，尤其她還剛剛跟這個驕傲的男人「鬥爭」過。無論賀涵怎樣拒絕，她就是一定「要，要，要」，最終迫使賀涵送她回家。

羅子君一直都是成功的索取者，在人生順風順水時，她的主要供養者是老公；當遇到危機的時候，她時時刻刻都要閨密二十四小時援助，甚至可以讓極其厭惡她的賀涵也成為她的「大護法」，即時監控她和小三兒的談判；離婚不久，就有老實的好男人老金開車接送，服務備至……

讓賀涵最吃驚的是：她們怎麼能要得這麼理直氣壯？就像是羅子君驚歎賀涵：他是什麼樣的人，可以永遠在職場做得如此氣定神閑、滴水不漏、決策於千里之外？

羅子君離婚以後，羅子君媽媽囑託唐晶：你一定要給羅子君找下個男人啊——你知道的，她什麼都不會，沒有男人，她就活不下去，我們家羅子君好可憐啊！

在羅子君媽媽眼裡，孩子的脆弱是天經地義的，孩子的強大才是不可思議的。

而賀涵的態度呢？羅子君這麼「驕縱」，有今天是活該的，她也該知道這個世界的真實是什麼樣——離婚對她來說是一件好事。

很有道理吧？可是沒有同理心。

賀涵之所以這麼強大，不是因為他真的強大，而是他隔絕了所有的脆弱。

他唯一露出馬腳的時候，是緋聞女友薇薇安從香港回來，並有可能會中傷他和唐晶的關係，他慌了，連夜向唐晶求婚。唐晶立刻答應，這麼多年來她一直像睡美人一樣等著賀涵的這個定情之吻，終於等到了。

薇薇安的中傷還是讓唐晶放棄了他們的婚姻，雖然唐晶明知這是薇薇安的謠言，但還是無法接受情感中有任何瑕疵，無法忍受任何被背叛的可能。她和賀涵在這一點上是相似的，就是拼死捍衛，決不能暴露自己的脆弱。

賀涵或者唐晶哪怕有一點羅子君、羅子群、白光這樣的人暴露脆弱的能力，他們之間的關係，也不會如此黯然收場。

所以，強者是強者的墓誌銘，弱者是弱者的通行證。

羅子君一句話就戳穿了賀涵的面具：你的人生就是要掌控，對你已經掌控的女人，你不屑娶；對你不能掌控的女人，你不敢娶。

賀涵無疑是愛唐晶的，這份愛卻過於理智，相比之下，他們的愛情並不在第一位。他花十年培養的唐晶，已經成為另一個賀涵。這是他的成功，也意味著他們感情的終結。

賀涵自述對唐晶的愛，就是對一個完美作品之愛。他覺得，如果和她在一起，兩個追求事業的人，就必須有一個人犧牲自己。也許大家都會期待唐晶作為女人應該犧牲一下自己的事業，但如果真是那樣的話，賀涵的作品就不再完美了。

這是愛嗎？這是人對「物」的愛，而非人對人的愛，是沒有「關係」之愛。

真正讓他們關係解體的，是賀涵做的一個測試。他和唐晶一起競爭一個項目，最終，他贏得了這場戰爭，但在簽約的那一天，他把自己工作上的資料漏洞故意透露給唐晶。唐晶的第一選擇是直接找甲方，把這個資料給對方看，希望他們停止和賀涵合作。

這是讓唐晶最後悔的一個選擇。因為那一刻，她就變成了賀涵：一個「精緻的利己主義者」，一個永遠在乎事業而不在乎人的人，一個永遠都涇渭分明、事事清清楚楚、冷靜如機器人的人。

她最終變成了賀涵的作品，而沒有成為賀涵的愛人。

其實，**任何人都需要「依戀」，有了依戀關係，才有釋放脆弱的歸宿之地。任何人都需要「自尊」，有了自尊，才有價值感，才感覺到自己活著的意義。**沒有人願意永遠做一個寵物，也沒有人願意永遠做一個戰士。

所以，當我們拼命追求一樣東西的時候，也在拼命地毀滅我們所尋求的。

真正適合在一起的人，就是和他在一起之後，你會變得更好，而不是更糟。

羅子君一生最大的矛盾就是：無法獨立存活的恐懼，沒有價值感的空虛。她深深地厭惡媽媽和妹妹像寄生蟲一樣的人生，可是她也缺乏獨立生活的勇氣。

賀涵一生最大的矛盾是：無法袒露脆弱的孤獨，害怕失去價值感後的恐懼。

據說，男人和女人是上帝劈成了兩半的人，他們一生的任務就是尋找彼此，合二為一，成為一個「完整的人」。

羅子君的累，是沒有價值感的累；而賀涵的累，是一直都不能休息的累。所以羅子君一生真正想要的，是一個可以把她全副武裝起來的人；而賀涵真正想要的，是一個可以讓他卸下盔甲的人。

人一生要談兩種戀愛，你在哪種戀愛中

我們一生大概要談兩種戀愛：第一種戀愛，叫作「保護層」之愛；第二種戀愛，叫作「療癒層」之愛。「保護層」之愛，是為了解決生存問題的；而「療癒層」之愛，是為了解決發展問題的。

羅子君剛剛走入社會，最急迫要面對的是她媽媽的恐懼感。在某種程度上，羅子君被媽媽塑造成家裡的大救星。羅子君媽媽找不到男人來救自己，就塑造一個女兒來救自己，承載自己無法承受的希望感；然後再塑造一個女兒來救自己，承載自己無法承載的失望感。

這兩個女兒代表著她的兩個幻想：一個做公主，被好男人永遠寵愛，一個做聖母，不斷挽救無可救藥的男人。這兩者都可以滿足她的期待——我是有價值的，我是被需要的，我是不被拋棄的，我是被愛的。

羅子君七年的婚姻，其實是給媽媽一個交代，「出色」地完成了媽媽所賦予的角色。

羅家母女三人真正想要的，不是找個差男人，感覺自己很偉大，就是找個好男人，感覺自己被寵愛。她們最痛苦的都是自己的毫無價值感。她們不怕挫敗，她們的人生就是不斷挫敗，但她們最需要的是一個可以幫她們為挫敗賦予意義、教會她們更好地活著的人。她們需要的是一個強大的「父親」，教會她們走入這個世界，療癒她們深深的自卑感。

羅子君離婚後，賀涵對她的幫助，從來不是替她打理好一切，而是告訴她接下來的路應該怎樣走，幫著她一點一點成長起來，並且在對方最需要的時候，挺身而出陪在她身邊。

賀涵和唐晶的十年苦戀，也是在「保護層」之愛中徘徊。賀涵真正想要的，是一個可以毀掉他所有防禦的人，讓他真正陷入混亂、不知所措、無法克制、不明所以、混沌一片的世界；是一個可以在脆弱面前無所畏懼，並且接納和喜歡自己脆弱的人。

這是唐晶永遠無法做到的。

賀涵成功地改變了唐晶，讓她穿上了盔甲，但唐晶沒有成功地改變賀涵，因為她骨子裡就是賀涵的女版。

真愛，一定要經歷一次「保護層」的毀滅，才能真正觸及人生真正的目的——完成整合。

賀涵人生的目的，就是學會脆弱；而羅子君人生的目的，就是學會強大。

所謂真愛，就是讓雙方都能脫離舒適區，走向陌生的世界，走向我們的劣勢背景，走向我們的陰影，毀掉所有的防禦，真實地面對我們無法面對的，愛我們無法去愛的，接納我們無法接納的，告別我們無法告別的，安撫我們無法安撫的，理解我們無法理解的……

當我們可以為彼此提供這樣的空間時，療癒才會真正實現。我們才可以脫離隔離之苦，真實地完整地活著。

這才是我們彼此尋找的意義，因為光靠其中一個人的修煉，永遠都無法真正地走向彼岸。

我們都是彼此的擺渡者，我們都是彼此的老師，我們都是彼此不可替代的那個貴人。而我們必須要一起浴火重生，才能真正地完結這一場情劫。

金童玉女式的婚姻怎樣恩愛到底

我們那麼長久地在一起，只是為了迴避真實的自己，
只是為了忘記自己是誰。

「在這世上，沒有一樣感情不是千瘡百孔的。」是的，包括那些人人羨慕的模範夫妻。你看到的只是他們幸福的「外表」，背後其實也跟你我他一樣，滿目瘡痍。

為什麼模範情侶往往不得善終

也許，這個世上就不應該有什麼模範夫妻之說。每段關係，都會有波折和問題。其實，婚姻中創傷最大的就是所謂的模範夫妻。

所謂的模範夫妻大概要滿足三個條件：從高中、大學就開始青梅竹馬式的戀愛，一生只愛一個人；所有人都豔羨的郎才女貌，親戚朋友心中找對象的楷模；認識時間久遠，往往超過十年。

往往這樣的關係，會讓我們很自戀：我們的情感固若金湯、牢不可破。

在常規的情感觀裡，只要有如下三大要件，就可以恩愛一生：

- 婚前有足夠深的情感厚度：也就是基礎穩固，我們是因為足夠相愛才在一起的。
- 經歷過「戰火」的考驗：在這十多年、二十多年的人生裡，我們同甘苦、共患難，一路相互扶持才走到今天，我於你有大恩，你對我有大德，這樣的情感還不是根深蒂固的嗎？
- 你一定不會忍心傷害我：一日夫妻百日恩，何況我們在一起這麼多年了？我們已經是共生體了，如果你背叛我，怎麼會不知道這件事對我的傷害有多大？你會忍心因為一時貪歡而毀掉我們多年的經營嗎？

但現實一再打臉。為什麼？

一個皇帝聽說饑民因為沒有糧食吃而造反，很驚訝地對大臣說：何不食肉糜？——沒有糧食了，他們可以吃肉啊。

情感能否一直走下去，不是由年分、經歷和道德來維繫的，不是由過去情感的轟轟烈烈，以及這些年走來彼此的恩情來決定的。

這世上沒有不變的人，也沒有不變的心，問題在於你是否能意識到你們已經改變，你們的情感能否跟得上這樣的變化，能否與時俱進。

恐龍統治了地球上億年，但適應不了環境，照樣死翹翹。

感情也是如此。

早熟男女的愛情，尋求的是安全感

有一對小情侶，在初中的時候就初嘗禁果，開始戀愛了。大學四年，他們一直異地，卻堅持了下來。終於，走過了十年的愛情長跑，他們結婚了。

婚禮的時候，參加的同學都很感動，這個時代這麼長情的少見了。然而，三年之後，出乎所有人意料，他們離婚了，因為男人出軌。

為什麼會這樣？

我們先來看看他們的原生家庭。男方是單親家庭，媽媽一手把他拉拔大。小時候家裡很窮，親戚朋友對他們也不友善。小小的他就變得很獨立，學會了照顧媽媽，想將來一定要出人頭地，保護這個家庭。

女方是家族中唯一的女孩，一直備受寵愛。初中的時候，她被送到了寄宿學校去學習。開始她很不適應，感覺一落千丈，吵鬧著要回家，卻沒有成功，只能逼自己去適應這個環境。

直到後來，他們相遇了。

總而言之，他們倆的共同特徵是「早熟」。

所謂「早熟」就是指，一個人在沒有準備好成人化的時候，因環境所迫，不得不進入成人世界。這樣的「熟」只是半成熟：有了成熟的面具，但裡面還是一個懵懂的孩子。過度早熟，就意味著在親密關係中他們會更需要溫暖，因為家裡的溫暖不充分，他們往往會把視野投向外界。

所以，這對小情侶十五歲就開始談戀愛，很早就進入親密關係。這樣的早戀和正常的青春期早戀是不一樣的。

一般來說，青春期早戀是旋轉壽司式的——我要試試不同型號的：青春陽光的、文靜優雅的、活潑好動的——最終，我知道我想要什麼類型的。這種戀愛是不穩定的，是要不停試錯的，這是一種探索。

早熟男女的戀愛不是向前向外的探索，而是向後向內的尋求。他們的戀愛更像是兩個人一起取暖，一起找個家，他們要的是安全感。

青春期的戀愛要更多的冒險、更多的刺激、更多的不穩定，他們要從家裡跳出去。但早熟男女戀愛，則要跳回家庭，這其實就是一種母嬰關係，也就是依賴的翻版。

這種翻版有三種模式：

- 一方的行為，取決於另一方的需要（索取方為主導）。一個是予取予求的孩子，另一個則扮演溺愛孩子的聖母。
- 一方接受什麼，取決於另一方給予什麼（付出方為主導）。一個是聽話的孩子，另一個則扮演強力管理孩子的虎媽。

- 一方負責表演，另一方負責讚賞（看起來的完美情侶）。一個會扮演永遠都在舞臺上的孩子，另一個則扮演不斷給孩子點贊的「經紀人」般的媽媽。

很多人都會有創傷，也都會有兩種方式修復自己：第一種是彌補式的，第二種是超越式的。也可以說，修復創傷有兩個階段：彌補階段，超越階段。

以上三種模式都是彌補式的。彌補的核心就像是童話：如果我被黑巫婆詛咒了，一定可以遇到大救星白巫婆來幫我解咒，然後一切都恢復原狀。總而言之，這三種模式都是孩子與媽媽的依賴關係，特點就是：長久、穩定和唯一。

這是很多人對婚姻的夢想。有這種夢想的人會認為：只要進入這樣的關係，我們就可以實現多年的夙願。

有人希望彌補自己沒有真正體會做小孩的遺憾，有人希望彌補自己媽媽不夠強大的遺憾。前者可以得到很多溫暖和幸福，後者可以得到很多價值感和力量感。

前面說的那對小情侶，看上去女方似乎最缺的是媽媽的安撫，而男方最缺的是家庭的自尊。所以，他們很可能一個扮演「完美的孩子」，一個扮演「完美的媽媽」，這種關係可以持續很久，直到這個需要被打破。

真正的親密關係，靠的是交心

什麼會打破這樣長期穩定的關係呢？一般會有兩種可能。

首先有可能是人變了。

為什麼孕期成為男人出軌高發期？總是做「媽媽」的妻子，有了自己的孩子以後，一直做「孩子」的丈夫就會有一種無法言語的被拋棄感——他還沒當夠「孩子」，卻有了一個弟弟——他的兒子，一個競爭者。

他必須表現出作為成熟男人的快樂：我要做爸爸了。但其實他內心是恐慌的，要再次面對被自己所愛拋棄的恐懼。於是，他很可能會再找一個「媽媽」，也就是找個女人，用出軌來攻擊妻子。

另外也可能是心變了。

為什麼當初陳俊生和羅子君互相吸引？因為一個需要依靠，一個需要被依靠。陳俊生說，我養你。羅子君欣然答應。一個滿足了自我價值感，一個滿足了安全感。

可是，後來陳俊生變了。他已經完成了自我價值的原始積累，已經贏得了很多男人渴望的地位，想要的是一個可以依靠的女人、一個可以仰視的女人。羅子君跟不上陳俊生的「需要」了。

這時候，他的價值感已經無法給他們人生動力，也無法給他們更多的滿足感了，被壓抑的情感需要就會慢慢成為主流。

這就是為什麼男人「一有錢就變壞」的原因之一。

很多男人是通過否定自己的脆弱和情感的幼稚，裝作強大去混世界，一旦他們感覺到安全，也沒什麼可追求的時候，就會把自己的創傷露出來。此時我們才會發現，原來他們是如此幼稚和荒誕，原來面具下的他們是如此幼小如孩童。

陳俊生不需要再為別人負責，做所有人的「父母」。他想要冒險，而非安全。

離婚後，羅子君也不想再做「孩子」了，想靠自己的能力養活自己，脫胎換骨，完成一個女人真正自信的過程。

也就是說，他們都長大了。當然，並不是說離婚才會長大。當我們長大後，才會來到修復創傷的第二階段：超越階段。

真正的親密關係是「交心」

也就是說，之前的「假性親密關係」其實是我們的共謀，我們通過扮演「孩子」和「媽媽」，來迴避我們面對創傷的恐懼。我們害怕暴露自己的脆弱，害怕一旦真正打開自己就會面對傷害和拋棄。

我們努力扮演「完美的孩子」和「完美的媽媽」，其實就是用面子取代裡子，因為在我們過去的創傷中，那個充滿了悲傷和欲望的孩子從未被周圍的環境接受，我們也就拋棄了這樣的自己，努力忘記。

我們試圖讓別人替我們做自己不敢做的事情，來迴避這些無法承受，也無法應對的焦慮和恐懼。

我們不知道，我們那麼相愛，其實都是一場騙局；騙自己相信，如果我們在一起，那些痛苦就可以消失。

我們不知道，我們那麼長久地在一起，只是為了迴避真實的自己，只是為了忘記自己是誰。

我們不知道，其實那個被忘記的自己一直都在影響著我們，隨時準備破土而出，渴望被發現，如果你拒絕，他就讓你摔跟頭，來意識到他的存在。

我們不知道，我們那麼渴望安全，但其實又那麼厭惡這種所謂的安全，因為充滿了虛偽和壓抑。這種所謂的長久關係，其實扼殺了我們的核心需要——真正被愛。

這種真正的被安撫、被理解的需要，是如此誘人，也是如此可怕，以至於我們害怕一旦吃下它就會被它吞噬，被它傷害。過去千萬次的傷害已經讓我們形成了條件反射，對真正的脆弱，我們畏之如敵。

所以，我們會進入一段長期關係，然後再用一段短期關係來破壞，我們用一個騙局或者一個童話，來替代另外一個童話，因為我們無法處理真正親密的恐懼。

只有真正消化了這種恐懼，我們才能真正理解更深層的彼此，找媽遊戲才能終止，逃跑式的出軌才會真正終結。

相愛不是愛的開始，相殺才是

因為真實，所以相殺；因為真實，所以成長；
因為真實，所以真愛。

婚姻是愛情的墳墓嗎？

婚姻不是愛情的墳墓，而是幻想的墳墓。

幻想就像我們餓肚子時的食欲，越是餓，食欲就越旺盛，當吃飽的時候，就算是走過再好吃的飯館，聞到再誘人的菜香，也會「無欲則剛」。

一個人的幻想越大，就說明在現實層面他越是餓肚子和貧乏；而幻想也是愛情的主要因素，因為有了幻想，愛情才會有那麼多的光環，才會那麼誘人。

一個吃飽的人和一個饑餓的人之間是不可能有那麼多火花的，只有兩個餓得發火的人一起吃飯才會覺得吃得格外爽。

一個女生，從小就生活在被忽略的世界裡，父母每天必做的功課就是吵架。有一天她被同學打破了腦袋，流了好多血，她媽媽看了一眼給了她一張紙，讓她擦擦。後來還是鄰居家大嬸發現她的血流太多了，力勸去醫院，最後縫了七針。她媽媽還覺得她不懂事，浪費家裡的錢，用指甲狠狠掐了她一頓。

她唯一可以應對這樣的世界的精神食糧就是一本叫作《寶葫蘆的秘密》的書。這個童話中的一個情節是：王葆幻想得到一個寶葫蘆，可以不費力氣得到一切；一天他的願望實現了，心裡想要什麼就有什麼。

她常幻想有一個白馬王子把她帶走，從此她可以遠離這個充滿了冷漠和爭吵聲的世界。高考填志願的時候，她填了一所離家比較遠的大學，為的就是儘量遠離這個讓她深惡痛絕的地方。

然後她認識了一個男生。男生是個花花公子，她卻成了他獵豔生涯的終結者。有一天，她腳後跟被不合適的皮鞋磨破了，把襪子都染紅了，她都不理會——從小練就的功夫就是對自己的痛苦無動於衷。

男生看不下去了，立刻買來傷口貼布和紅藥水，用消毒紙巾幫她擦去血跡，塗上紅藥水，輕輕地貼上傷口貼布；她呆呆地任由他為自己包紮傷口，眼淚默默地流下來，就是這一瞬間，她愛上了他。

男生當初追她，無非就是獵豔，但他發現鐵石心腸的自己，唯一無法忍受的就是她的眼淚，每當她哭泣的時候，他的心都碎了。他沒法離開這個女生了，他們倆的心好像連在了一起。

和這個女生一樣，他也有一個冷漠的家，只不過他的家就像是一座墳墓，父母像動物一樣活著，家裡的狗叫聲是唯一的聲音，其他時候，就是吃飯、睡覺、農作，再吃飯、睡覺、農作……

很早的時候，他就開始和外面的世界接觸，甚至有時睡在鄰居家。作為孩子，他本能地想要靠近有溫度的家庭，每當此時父母就勃然大怒，會把他拎回家打一頓。那時候他最喜歡的就是可以變身的變形金剛，渴望自己也可以不斷升級換代成為更強大的英雄，讓所有人仰視。

初中的時候，他上了寄宿學校，從此好像和家就斷了線，甚至春節他都不願意回家。在外面的世界裡，他可以成為所有人喜歡的人物，老師很寵愛他，同學很喜歡他，他談著眼花撩亂的戀愛，學習成績一直很好，但是他心裡其實一直都沒有根，就像是浮萍一樣漂泊著。直到看到這個女生，他好像找到了家。

他們倆深深地相愛了，就像兩隻無家可歸的無尾熊緊緊擁抱在一起。

女生的世界裡，她的痛苦因為有鄰居家大嬸的不斷憐惜而可以呈現出來。也就是說，當她哭的時候，雖然愛是缺乏的和延遲的，卻是可以得到一些愛的。她的主要情緒就是委屈：為什麼別人家的孩子都可以得到正常的愛，而我卻不能。所以她認同了作為孩子的立場，覺得做孩子的她沒有錯，錯的是父母。所以她在親密關係中就會一直想要去找媽。

男生的世界裡，他的鄰居、老師雖然也會給他很多愛，但對他來說，這些愛會讓他感覺到恥辱。因為在他父母看來，他這樣的行為其實是暴露了他的軟弱和娘娘腔的一面。換句話說，他否定了父母，也否定了自己作為孩子的立場，而認同了一個幻想中完全強大的自我形象——我不需要父母，也不需要做孩子，我自己就是自己的父母，我就是無敵的，我可以擺平和搞定一切！

這種虛幻的強大感，幫助他度過了那些黑暗而脆弱的歲月。

每個人一生都面臨著選擇。這些選擇是我們在面對現實的時候要做出的。嬰兒的世界好像是在懸崖上；成人的世界，是在懸崖下；從懸崖上來到懸崖下，就是我們所說的成長。

一般有兩種抵達懸崖之下的常見方式：

- 直接跳下去——那就摔成了挫敗者，把自己的自我和精氣神、人生的追求全都摔死了。
- 找一條足夠長、足夠結實的繩子，或者乾脆不斷在山上鑿出臺階，一步步地渡過著來到山腳下。

此外，還有第三種方式，就是乾脆不下去了，一直待在懸崖上，停留在夢幻裡。

什麼時候，我們會選擇第一、第三種方式？什麼時候，我們會選擇第二種方式？如果我們的環境可以有一個過渡性的時空幫助我們，就會選擇第二種方式，否則，就只能選擇摔下去或者留下來。

比如，這個女生的父母還是吵架，但吵架完了可以對女生表達一些基本的同理心：孩子，爸爸媽媽很抱歉，又吵架了，你說說你有什麼感受？爸爸媽媽對你的難過很抱歉啊，你看爸爸媽媽給你什麼補償好呢？

這就是基本的臺階和基本的軟墊子，讓孩子雖然摔了，但不會摔痛。

所有的難以成長，都是因為我們過去的成長經歷有太多第二次傷害了。

什麼是第二次傷害？

比如這個女生：她的第一次傷害是父母的爭吵，第二次傷害是父母爭吵完了，看著她哭更不耐煩，甚至拿她當替罪羊：去去去，哭什麼哭？我已經夠煩了，你還在添麻煩，再哭我打你啊！

這樣的話會讓孩子在受傷的時候再被補刀。這種補刀的經歷叫作創傷。**創傷＝受傷＋非安撫性的環境。**

女生的選擇更像是第一種方式：她選擇讓自己處於摔下去的傷痛之中，一直都在默默尋找一個拯救者，可以幫她重新擁有童年所失去的那些安撫。

男生的選擇更像是第三種方式：他選擇留在幻想的世界之中，放棄了所有做孩子的權利，因為做孩子讓他感覺到痛苦和無力，他想成為一個永遠的強者，一個失去了人性陰影的人。

女生需要被愛，來補償她小時候被剝奪了愛的痛苦。

男生需要愛，以此補償他小時候被認為自己毫無價值的痛苦。

男生給女生愛，可以得到價值感；女生可以由此彌補小時候被剝奪了愛的痛苦，感覺到被嬌寵的快樂。

這個情感合約成立的時候，雙方的愛當然是滿足的，充滿生命力的。

那麼，他們什麼時候會相殺呢？

一開始男生之所以被女生吸引，是因為女生可以做到他一直都無法做到的事情：哭泣——展現自己的脆弱和孩子氣的一面。

他一直都苦苦壓抑著自己孩子氣的一面，就像一個人明明很餓了，還要裝作不餓一樣，孩子氣對他來說變成了致命的誘惑。所以最安全的事情莫過於他和這個女生在一起，由女生替他表現出孩子氣的部分，他就可以安全地和自己「內在的孩子」在一起了。

這就像一個爸爸給孩子買玩具，總是買自己喜歡的玩具，說是為孩子買玩具，其實只是滿足自己的需要而已。

愛情其實就是一個「李代桃僵」的遊戲——就是一場彼此替對方承擔其無法承擔的角色

的遊戲。

女生可以幫男生承擔脆弱的小孩的角色，因為他無法承受自己的脆弱。男生可以幫女生承擔強大的拯救者的角色，因為她不願意做一個成人。

在幻想中，懸崖下的人，希望有一個拯救者可以帶她回到懸崖之上的天堂；懸崖之上的人，希望有一個承受者，可以替他承受所有懸崖之下的痛苦。可是時間久了，男生的「內在小孩」會發現自己上當了：你以為把那個女生當成我來餵養就讓我解饞了嗎？我還是餓著呢！你老是餵她，我呢？

男生的獨立自我也生氣了：你天天做個「好媽媽」餵養她，我呢？原來你沒有認識她的時候，我想做什麼就做什麼，現在呢？你的世界完全被她佔據了！

慢慢地，男生開始以工作為名，想要恢復過去屬於自己的獨立時光；他更想和女生保持一些距離——他潛意識裡害怕自己的脆弱會暴露出來。那時他的強大外殼，就會被這些脆弱的自我擊得粉碎，他就會面臨崩盤的危險，所以最好還是離他內在渴望的依戀的愛遠一些。

也就是說，情感的合約遭到了挑戰，一是男生的事業開始發達，他的很多價值感可以從事業中獲得的時候；二是女生開始成為人妻，發現要承擔很多成人的責任的時候。

男生不那麼需要價值感了，因為他的需要被極大地滿足了。而女生則還需要很多嬌寵，她根本不想做成人，甚至可能暗暗嫉妒自己的女兒可以從丈夫那裡獲得愛——她小時候被剝奪的痛苦，就會再次經歷一遍。

一方不需要了，另一方反而需要更多，更重要的是，此時這個男生開始產生新的需要了：在親密關係中，為別人付出擁有價值感，對我來說已經不重要了，重要的是，我現在也想做一個「孩子」。我希望我的老婆可以關心關心我，我也想在關係中找一個真正愛我的「媽媽」。

而此時女生的「內在小孩」也生氣了：以前你工作沒有那麼忙的時候，你生活的重心是我，現在有了事業、有了孩子，我在你的世界只能占不到三分之一的分量，不行，我要你給我更多！

其實女生是一個超級能忍耐的人，會有意識地壓抑自己的需要，為此會有非常多的委屈：我都如此壓抑自己的需要了，為什麼你還是那麼疏遠我？

在內心深處，她可能不太會相信，自己真的能幸福地生活在愛的光輝之下。就像西藏人來到低海拔的地方會醉氧一樣，她可能比較適應那種幸福含量不高的生活。於是兩個人「默契」地維持著他們熟悉的「低濃度」情感。

最終他們還是失望了：因為懸崖下的人沒有等到能真正把她帶到天堂的拯救者；而在懸崖上的人，沒有人可以接受他的脆弱，讓他敢於來到真實的生活。

這樣的兩個人，作為他們婚姻的核心目標無法實現，婚姻就只剩下一具空殼了。他們在一起表面上是在尋找殘缺的自己，其實只是想找到一個過渡的空間，讓自己可以完整。

真正的完整，不是靠兩個人在想像中變成連體人，而是通過真正地從對方身上學到自己所殘缺的本領來完成的。

當雙方發現想像中的融合無法替代內在需要的時候，婚姻也就到了轉折時期。向左走，就是繼續幻想下去。向右走，就是繼續成長下去。

人的一生，一般會經歷以下三部曲：

- 我們在原生家庭中發現生命有殘缺，人生有遺憾。
- 我們幻想在新的親密關係中找一個人做「父母」或者「孩子」來彌補自己的缺憾。
- 我們學習對方的能力，內化對方的品質，讓自己真正完整起來。

這三部曲簡而言之就是：缺憾↓替代性滿足↓內化。

很多人只有前面兩部曲。比如向左走，找下一個可以替代性滿足的人。比如妻子找到了孩子，把孩子培養成為安慰自己的貼心人；丈夫找到了工作或者小三，在工作或者小三面前可以為所欲為，擁有強大的掌控感，或者乾脆離婚，期待下一個女人可以滿足他殘缺的需要。

替代性滿足的特點，就是人身依附關係，非你不可，沒有你，我就沒有可能滿足這個需要。這其實就是母嬰關係的縮影。

如果是三部曲，就會進入到內化的世界。

那麼，這個女生就要肩負起對自己的傷痛負責的力量，需要檢討自己：我為什麼總是扮演「受害者」的角色？在婚姻的危機中，我承擔什麼責任？為什麼在婚姻中經常看到的是我的需要，而丈夫需要我的是什麼呢？如果他只是需要我的眼淚，難道我們要一直通過痛苦才能有深層的連接嗎？為什麼我不願意做大人，是不是因為我不願意哀悼自己已經失去的童年？這種「希望有人做我父母」的情結對我的人生有怎樣的影響？我怎樣才能從不斷的「猴子撈月」的幻境中走出來呢？

這個男生也要擔起對自己的傷痛負責的義務：為什麼我在情感中總是憐惜對方？為什麼我總是喜歡說「無所謂」、「還可以忍受了」、「還可以啊」這樣的話？我的需要在哪裡？為什麼我從未提出過在親密關係中的需要呢？我是一個對脆弱免疫的人嗎？為什麼我在關係中沒有辦法找到自己的掌控感呢？如果我提出自己的需要，我害怕的是什麼呢？

沒有好奇的人生，只是本能的人生，而非有選擇的人生。對自己的行為模式和思維模式提出質疑，才是成長的開始。

總結來說，親密關係不是最好的過渡性的空間，因為這樣的空間很容易被幻想的毒素污染。一份愛，如果能有一個過渡性的空間來承載雙方過去未能承受的痛苦，這份愛真的可以說是超級偉大的愛。

相愛，不是愛的開始，相殺才是愛的開始。

因為真實，所以相殺；因為真實，所以成長；因為真實，所以真愛。

人的一生，需要太多對自己和對命運的理解，就像攀岩高手，他所有的摔落其實都在提示，生命的真相就在這裡。有時，不是我們不理解，而是我們真的不想去理解。而成長，就是去欣賞我們的真實，在真實中發現美，就像是在幻想中發現美一樣。

如何判斷一段婚姻有沒有救

婚姻關係的挽救也是有潛伏期的，
有些時機一旦錯過，
再想挽回就要耗費很大的成本，也未必會成功。

「屍化」，是一個恐怖的名詞，但它實在太形象了：一個人在情感世界已經成為僵屍，他的精神能量已經完全從關係中撤回，不再對你有回應。簡而言之：心已死。

一個人是如何對婚姻死心的

大概經過如下五個階段：紅化→黑化→渣化→石化→屍化。

1. 紅化

「紅化」發生於情感最高潮。比如此時我們會從一個「鳳凰男」（指跟城市女生結婚的農村男生）身上看到負責和上進的男子氣概，可以從一個「媽寶男」身上看到他的有趣和可愛，可以從一個「出軌專業戶」身上感受到難以抵禦的男人魅力的誘惑，或者可以從一個「軟男」身上看到溫暖的味道。

這種紅化叫作「理想化」。

我們對對方的理想化程度，來自我們的缺損程度和饑餓程度。

相傳，朱元璋少時家貧，從沒吃飽過肚子，常一整天討不到一口飯吃。有一次，他一連三日沒討到東西，又餓又暈便在街上昏倒了，被一位路過的老婆婆救起帶回家，他由此吃到了老婆婆做的世間至美「珍珠翡翠白玉湯」。其實，不過是一點剩米飯加上一小撮菠菜、一點豆腐塊而已。

當餓到極點的時候，我們不僅會扭曲現實，還會迫不及待地在任何看起來符合的人物身上安插我們的理想角色，希望從此讓童話成為現實，最終卻發現，一切是誤會。

如果我們曾有非常讓人遺憾的過去，可能就會希望在婚姻中得到過度的補償。比如，一個從小就痛恨父親、非常軟弱的女人，長大後可能會特別渴望看到一個強大的男人。如果她的渴望實在太強烈，就沒有辦法耐心地去區分這個強大的男人是外殼的強大還是內心的強大。她有可能和一個「外強中乾」的男人一拍即合，誤以為這個世界真的有魔法。

如何辨別你的紅化程度呢？這要看你們的關係是否有「見證奇跡」的時刻，或者「天上掉下個大餡餅」的事情發生。

比如，一個從小就渴望一個強大男人保護的女人初入職場，正當她兩眼一片黑的時候，一個非常有經驗的成熟男人忽然出現在她身邊，然後他們就進入一場天雷勾動地火的愛情。

她既得到了他事業上的支持，也得到了童話一般的愛情。

這樣的故事，多半讓人懷疑，因為它太完美了，凡是特別完美的故事，往往都會有隱藏的「暗黑故事」埋伏在後面。

2.黑化

有一天，這個女人發現自己強大了，這個男人已經不能指導她了，她的職位甚至已經高於他了。她發現這個男人的強大後面有很多讓她看不上的地方。這時，她會面臨一個童話的終結，她居然在這個男人身上發現自己一直避之不及的脆弱和無能。

「鳳凰男」暴露出自卑和土氣了；「媽寶男」原來如此依賴他的媽；「浪漫男」居然可以跟那麼多女人調情；「軟男」原來不是對我一個人溫暖，其實他就是一大暖氣……

此時，我們往往又會把一個人往非常極端的壞處想，給他烙上「鳳凰男」、「媽寶男」、「渣男」、「軟男」標籤……這些都是黑化一個男人的方式。

無論是紅化還是黑化男人，其實都意味著一個女人沒有走出童話世界。童話世界不是藍精靈就是老巫師，沒有中間派。而現實中，任何一個人都是多面體，但在極端的狀況下，我們會把一個人完全塗黑。

男人以男人的方式理解女人，女人以女人的想法解讀男人，然後和自己的假想敵作戰，直到有機會把誤解澄清的時候，才會恍然大悟。

比如很多女人都會抱怨：為什麼你不會跟我說心裡話？

男人卻說：我已經說了啊。

對女人來說，心裡話意味著每時每刻的所思所想。而對男人來說，這些瞬間的思緒是要摒除的，他們往往認為表達自己的情緒是一種脆弱和無能，所以會自動過濾掉這些「無用」的想法，而將實質的經驗給女人：還好吧、挺好的、沒事啊。

但女人會認為男人是在敷衍她，於是就產生更多的怨懟——黑化由此產生了：「他的心根本沒跟我在一起，他真的在乎我嗎？真的愛我嗎？如果愛我，為什麼不跟我敞開心扉呢？」

然後男人也開始黑化這個女人：「她想控制我，為什麼讓我事無鉅細地說？我要自由，我要獨立，她整天盯著我不放，我要逃跑！」

在這一刻，他們的關係開始被塗黑。女人把男人黑化了：他就是個冷漠的自戀的人，他正在離開我；男人把女人黑化了：她就是一個不可理喻的瘋狂的人，她正在控制我……

這個時期盛產的是誤解的糾纏，會造成各種痛苦的爭吵。我們發現，越是想要挽救婚姻，我們就越受傷，就像是兩隻想要溫暖的刺蝟，越是靠近，越紮得痛。

3. 渣化

傷到一定程度，我們就想要解脫了。女人會想：「既然他是這麼一個人，我又何必努力？」男人也會想：「既然她總是說我渣，那我乾脆就渣好了。」

這時候我們還是會黑化彼此，只不過，上一個階段我們的黑化是為了挽救關係，而此時的黑化是為了純粹傷害對方或者是潛意識想離開對方的一個預備動作。

比如，此時如果一個男人為了離婚，可能會故意做出各種無底線冷暴力的事，會不惜用兩敗俱傷的方式逼迫女方鬆開手，這樣他就自由了。

4.石化

如果有人能忍受如煉獄一樣的痛苦，就可能進入石化的階段。這個階段其實是如同植物人一般的階段。

也就是說，雙方已經「任性」夠了，不是不想鬥，而是兩個人都已經用盡了所有力氣。要麼雙方都想結束了，可是還剩下最後一絲留戀；要麼一方還沒撒手，而另一方也沒有力氣離開了。他們都在默默等著命運和時間的判決，等著最後的彌留。

一個常見的情境，就是在死一般寂靜的房間裡，雙方已經完全像石頭一樣，或者已經視對方如無物了，他們甚至開始覺得一個人的生活蠻好的，反而不適應兩個人的生活了。

想像一下這樣的畫面，我心裡都發涼，像兩個行屍走肉在一個屋簷下飄蕩。

5.屍化

這其實就是關係真正的終結，就像逃亡多年的死刑犯被捕後那樣，雙方可能都會鬆一口氣：「終於結束了，我終於可以不用被反覆折磨了，可以解脫了。」

如果婚姻處在這些階段，該怎麼辦

1.如果你的婚姻在紅化階段

如果是淡紅，沒關係，因為你有現實的能力，你喜歡童話，但不會沉迷於幻想。

如果是深紅，就說明你的婚姻可能有「癌症體質」，你最好把你的內傷養好，讓自己把投注在幻想世界的願望回收到現實，客觀、真實、踏實地生活。

2.如果你的婚姻在黑化階段

如果你的婚姻在黑化階段，一般用的主要道具是「奶瓶」——給對方來理解，「膝蓋」——用來展現脆弱，「蜜糖」——給對方來肯定和欣賞，或者少許「烈酒」——展現足夠的誘惑力和力量。你不需要用「繩索」——過多的要求和框架，「匕首」——強硬堅守自己的利益，或者過多的「烈酒」。

總之，你需要培養的主要是親和力、親密能力，也就是讓你和對方在一個比較安全和接納的氣場中交流，澄清彼此的誤解，滿足彼此的需要。你不需要太多的挑戰。

此時雖然你們之間也有對抗，但雙方對這個關係的主要方向還是爭取，他還期待從關係中獲得核心需要的滿足。這個時候，你們的利益是一致的，只是因為你們的誤解，讓雙方都受傷了。

你需要在理智上，清楚男人和女人不同的思維模式；你需要在情商方面，學會有效地處理自己的情緒，以及在溝通中更有影響力。也就是說，你需要學會的更多是「容器」般的能力：更好地理解自己，更好地理解對方。

3. 如果你的婚姻處於渣化階段

此時，很多挽救婚姻的人往往會走入一個誤區，希望用取悅對方的方式來挽救，會用很多親和力、親密感的道具：「奶瓶」——把對方當孩子，無原則地原諒對方；「膝蓋」——把自己當孩子，把頭低到塵埃中去；「蜜糖」——假裝什麼都沒發生，討好對方。

或者會過度地使用力量感的道具：「繩索」——把對方完全捆成粽子，自己則成為福爾摩斯來監控對方；「匕首」——大鬧天宮，鬧得滿城風雨；「烈酒」——激烈地爭吵又瘋狂地做愛，但一切都沒有改變。

這個時候，挽救婚姻的要求就更高了：

狀態要非常穩——因為在惡性的交流中，雙方都很容易被對方的機關槍傷害，你需要有超強的恢復能力，也要對對方的招數了然於心，瞭解對方的潛規則，並能做出合適的預判和應對。

用力要非常準——力量感的道具要用得非常合適，很多時候一旦有誤差，就會容易變成真正的傷害。它應該是你的威懾性的力量，但不應該是你真正使用的武器，就如同擁有了核武器，但千萬不能使用它。

心要非常狠——很多女人在此時會很恐懼，因為大棒式道具，也就是力量感道具的使用是有風險的，而且也會有副作用，就像化療會殺死癌細胞，也會殺死健康的細胞一樣。

此時，你要有強力的干預，否則惡性情感的癌細胞擴散是無法停止的。

4.如果你的婚姻處於石化階段

這是一個更艱難的階段，因為雙方都已經精疲力竭了。

在渣化階段，婚姻的挽救方往往還有一定的動力。但在石化階段，即使是挽救方，想放棄的意願也會越來越強烈了。

此時，你需要的很多道具要反過來用在自己身上。也就是說，對婚姻挽救方的創傷修復是第一位的。因為此時做任何努力都是一種奢侈，就像癌症晚期，各種療法都回天無力，此時最重要的是調養身體，照顧受傷的心靈，留得青山在，不怕沒柴燒嘛。

5.如果你的婚姻已經在屍化階段

這時要處理的往往就是「臨終關懷」了。

我們能討論的是如何處理離婚的過程，以及之後的生活安排，如果內心的受傷感有效緩解了，我們可以想一想為什麼會在人生中遭此一劫？這其實就是反思它和我們的人生劇本、我們的內在信仰範本與思維模式有什麼關係？

認真覺察領悟一下，在這次「災難」中，你的潛意識是不是起了操縱者和導演的角色？如果是這樣，你需要嘗試修正這樣的悲劇劇本。除非你願意總是如此悲情地活著。

需要提醒的是，在很多人都以為毫無希望的時候，往往會因為情緒過度黑化而誇大危險，強烈的恐懼會讓人喪失理性，做出不當反應，將很多萌芽中的希望扼殺掉。所以找到一個有經驗的嚮導是很重要的，他可以幫助你看到很多你忽略的林間小路，幫你從迷宮一樣混亂複雜的關係中走出來。

婚姻關係的挽救也是有潛伏期的，有些時機一旦錯過，再想挽回就要耗費很大的成本，也未必會成功。

很多時候，我們不經歷一些挫敗很難「長大」，只是希望每個人能把這個過程當一場高空彈跳來玩，而非墜崖。

懂得絕情，才能真正地深情

人生就是一種悖論，就像你永遠無法解開的一個線團。

人一生的努力，就是為了解開一個線團

總有人問我：道理我都懂，可就是不知道如何才能做到？

如果我問：你的困難在哪裡？

一般來說，會有兩種悖論扔過來：

• 第一種悖論是：前半生要對父母負責，後半生要對丈夫和孩子負責。如果我想要有自我，就要拋家捨業——丈夫，也就算了，但是孩子，他是無辜的，如果我狠心離開，那麼他多可憐啊。

• 第二種悖論是：如果我想要有自我，就要成為這個世界上最容易被毀滅的小白兔，我都這個歲數了，沒有男人會愛我——如喪家之犬，無處安身。

前者害怕毀滅他人，後者害怕被人毀

滅。前者是內疚感作祟，後者是恐懼感在威脅。

總結來說，兩者其實是一回事。因為所有的內疚感，都來自我們對關係毀滅的恐懼。一切害怕讓父母傷心的孩子，其根本都是害怕父母倒下以後，自己就沒有人愛了——其實還是恐懼。

人生就是一種悖論，就像你永遠無法解開的一個線團。

西元前三百三十三年的冬天，亞歷山大大帝率領馬其頓軍隊進入亞洲的哥丹城。在城裡，亞歷山大聽到一個著名的預言：城中有一個非常複雜的「哥丹結」，誰能夠打開它，誰就能成為亞細亞王。

亞歷山大嘗試了幾個月，也無法找到解決的方法。最後，他用最簡單的方法——一劍劈開線團，解開了這個結。

為什麼大家都想不到這個方法？因為總是害怕毀滅。

我們每個人的成長，就來自對於悖論的拆解。

電影《姐姐的守護者》給我們呈現的，也許是這個世界上最難解開的線團之一。它的情節很簡單。

安娜的姐姐凱特很小就罹患白血病，父母為了給凱特治病，通過先進的基因技術生下了與凱特基因完美配對的小女兒安娜。

從第一管臍帶血開始，十幾年來，安娜不斷地向凱特捐獻出臍帶血、白細胞、幹細胞、骨髓……直到凱特的腎功能衰竭，父母要求安娜捐獻一個腎臟給姐姐。無法忍受再被當成「藥庫」的安娜決定反擊，她賣掉爸爸送給自己的金項鍊，找到律師，她要控告父母，要奪回她的身體使用權。

在這個故事裡，所有人都在悖論的線團中。

「你真的不想捐腎給你的姐姐？」

安娜的悖論是：不捐，她是殺死姐姐的兇手；捐，她就是殺死自己存在感的兇手。如果姐姐沒有患病，她可能根本不會出生；她的存在就是成為姐姐凱特的備用零件。

對安娜而言，她存在的意義，就是不要存在。

她想讓父母明白：我也很重要，我不是姐姐的「藥庫」，不是備用人肉電池，不是永遠的次等公民，我也是父母的女兒，我需要同等的愛。

但是，她要和母親對簿公堂的時候就應該清楚：一旦開始說「不」，她就失去了存在的意義。父母因為一個理由孕育她，那個理由最好一直存在，要是不存在了，她似乎也沒必要存在了。

在媽媽心中，她會成為一個殺死自己親生姐姐的兇手，一個見死不救的冷血的孩子。讓媽媽十幾年的泣血努力毀於一旦，她有可能永遠失去媽媽的愛，永遠帶著毀滅性的內疚活下去。

活著的意義，是為了解決父母沒有解決的難題

有人說：「孩子是父母工廠裡的產品，孩子出生的理由成為他們一生中努力的主題。」聽到這句話，當時心頭一驚。人生閱歷越深，越覺得這話殘酷和真實。

《那年花開月正圓》這部劇裡的沈家大少爺和二少爺，一個是父母眼中的好孩子，一個是吃喝嫖賭的浪蕩公子。只是因為他們各自被父母賦予的人生主題不同而已。一個被賦予了把家庭發揚光大的正能量主題，一個被賦予了把家庭敗光花淨的負能量主題。

任何人都有這兩個主題，要麼想要有價值感，要麼想要有幸福感，當兩者產生衝突的時候，我們就分別賦予自己的孩子，讓他們來繼續面對這個未解之謎。

當沈家大少爺死於非命以後，二少爺的好日子就結束了，於是他日益主流化，日益成熟，他存在的意義發生變化，他的人生也開始有所不同。

安娜和凱特這對姐妹，也分別代表著媽媽心中悖論的兩個方向：一個方向，餵養他人；另一個方向，餵養自己。

為了拯救女兒的生命，媽媽犧牲了大好職業生涯，犧牲了大好青春年華，不得不一直生活在女兒的生死邊緣，看著女兒一直衰竭下去，沒人不會痛恨一個剝削了自己十幾年的人，哪怕是自己的女兒。

但她又怎能眼睜睜地看著女兒死？她能說「去死吧，你這個該死的可憐蟲，因為你，我

的人生只有揪心的痛苦和無休止的焦慮。你死了，我就解脫了」嗎？

一個是不斷需要被照顧的自己，一個是不斷需要解脫和自由的自己。無論依從哪個自己，另一個自己都會被犧牲。

安娜和凱特的故事，電影和小說是不同的結局。

小說的結局：妹妹最終把官司打贏了，但隨後喪命於車禍，最終她的器官還是捐給了姐姐，姐姐從此成了健康人，過上幸福的生活。

電影的結局：其實妹妹打官司是姐姐的授意，因為姐姐已受夠這種像一塊肉、反覆被媽媽切割的生活，她想解脫。但她知道除非用此極端方法，否則無法撼動已經瘋魔的媽媽。最後，凱特拒絕了妹妹的捐獻，自然死亡，妹妹終於解脫。

其實這兩種結局，都是媽媽的一個自我戰勝另一個自我的故事。

第一種結局，妹妹雖然想努力改變媽媽對自己的定義，但最終，她找到了一個妥協方案：贏了官司，但把生命還給了媽媽。

她還是沒有走出悖論：就算全世界的人都承認我是重要的，我卻失去了媽媽的愛。不如我用這個方法既打敗了媽媽，又迎合了媽媽。這樣，我就可以兩全其美了：我不是一個毫無自我的肉塊，而是一個值得媽媽尊重的肉塊。

但是，無論電影還是小說，都沒敢呈現第三種結尾：安娜最終打贏了官司，凱特因為沒有得到捐獻而死亡，媽媽從此和安娜形同陌路，甚至視若仇敵。其實，這樣的結局更常見。

一切悖論都是這三種結局：

- 一方暫時打敗另一方。
- 永遠地分裂。
- 分裂的雙方得到了整合與和解。

在電影中，當媽媽知道一切都是自己一心要拯救的女兒設局的時候，非常震驚：「你為什麼不直接跟我說你不想活下去了？」

家裡其他人異口同聲：「她已經說了千萬遍了，可你就是聽不見！」

最後，媽媽在凱特懷裡像嬰兒一樣哭泣。凱特抱著哭成一團的媽媽，完成最後的告別。

兩個女兒都做到了媽媽一直未做到的事情，大女兒絕情地告別了她，小女兒也絕情地拒絕了她一直要扮演的角色。

真正的深情來自清爽的絕情

絕情，絕什麼情？絕的是父母投過來的「鉤子」。

當一個人真正長大的時候會發現，父母也不過是旅客，終究會在某個車站下車。我們要完成的，不只是和父母肉身的告別，更重要的是要和父母精神之身的告別。

凱特用死告訴媽媽：對不起，我不想承擔被你拯救的、脆弱的、病小孩的角色了。

安娜用打官司告訴媽媽：對不起，我不想成為你作為拯救者的道具和犧牲品了，你願意犧牲，我不願意。

放下，不是兩手空空，而是當你放下手中的一切，才有可能拿起新的東西。新的東西是什麼？是我們的自我，是父母未完工、留待我們完成的可能性。

我們需要面對父母不能面對的，拒絕父母不能拒絕的，追求父母不能追求的，這才是我們存在的終極意義。

從這個意義上講，你是忠還是叛，你是遠離還是靠近，都和父母的某個部分牢牢地焊接在一起。

在情感世界裡，「關係」和「自我」該如何平衡？如果追求「關係」，而失去了「自我」，或者追求「自我」，而失去了「關係」，該怎麼辦？

那個瘋狂的媽媽想要拯救奄奄一息的孩子；那個不肯接受自己的孩子，其實已經不堪重負；只是為了滿足自己願望而苟活的媽媽，其實不是在救孩子，而是在救自己。

她不能接受分離，不能接受喪失，不能接受有缺憾的人生，所以她需要全家來犧牲。丈夫跟著她，已經到了要離婚的邊緣。兒子有閱讀障礙，卻無法得到父母的幫助。大女兒為了媽媽，忍受一次次手術的折磨。小女兒為了姐姐，要隨時準備著捐獻自己的器官，活在被忽略的世界裡。

這一切，只是因為媽媽害怕喪失。

從這個角度上講，這個世界上唯一的真愛，就是我們要學會面對之前不敢面對的自己，而不是像多米諾骨牌一樣，不斷靠著把他人當作炮灰，來防止自己面對人生的陰影和恐懼。

龍應台在《目送》中這樣寫道：「所謂父女母子一場，只不過意味著，你和他的緣分就是今生今世不斷地目送他的背影漸行漸遠。你站在小路的這一端，看著他逐漸消失在小路轉彎的地方，而且，他用背影告訴你：不必追。」

真正的深情來自清爽的絕情。

一次龍應臺上廁所的時候，下意識地問兒子：「你去嗎？」

兒子從雜誌中抬起頭，嚴肅地說：「你跟我說話的語氣跟方式，還是把我當十四歲的小孩看待，你完全無法理解我是個二十一歲的成人。你給我足夠的自由，是的，但是你知道嗎？你一邊給，一邊覺得那是你的『授權』或『施予』，你並不覺得那是我本來就有的天生的權利！你到今天都沒法明白：你的兒子不是你的兒子，他是一個完全獨立於你的『別人』！」

當孩子可以理直氣壯地和父母分開而不恐懼、不內疚的時候，就說明他內心已經內化父母那飽滿的愛了，他可以獨立了，因為他心中已經有父母之愛了，他可以到外面的世界去了。他有了放下的能力，是因為他的心是滿的。

那些放不下、走不開、逃不掉的，都是因為他們的心實在太空，所以他們才要拼盡一生，犧牲所有，來抓住長滿倒刺的繩索。

那些總是充滿內疚和恐懼的孩子將永遠難以長大，等著外面世界的屠戮和宰割，然後充滿血腥野蠻地生長著。

其實，不負責的男人往往是最想負責的男人，因為他們自戀地認為，自己可以決定他人的人生，可是誰能負責誰呢？於是他們力不從心，於是他們說一套做一套，於是他們不負責。

沒有邊界，沒有對個體的尊重，這樣的深情，永遠都是物化之愛，都是濫情。

真正的深情不是浮萍，不是蛛絲，不是危如累卵，而是深紮到大地深處的愛。我相信我的離開，不會讓我毀滅，也不會讓你毀滅，因為我們的愛，足夠大、足夠多、足夠滿，大到可以分開，可以放下，可以訣別，可以永不相見。

就算是父母與孩子，遲早有一天，也要卸下一身的行頭，放下彼此的劇本和臺詞，走下必將停留的車站，說一聲彼此珍重，然後各自上路。

不能分開的愛，絕不是真愛。放在伴侶之間亦是如此。

真正的慈悲，總是菩薩心腸、雷霆手段，是真正尊重彼此的生命，而非試圖取消彼此的存在。這就是「我是為你好」這句話被人痛恨的原因，因為這種所謂的深情，太自私，太絕情。

一段感情是否深情，就看雙方是否真正尊重彼此的存在，真正把對方當人看，真正尊重彼此的差異，真正看到了彼此。

第5章

怎樣找到那個愛你一輩子的男人

讓男人珍視一個女人的，是正向情緒價值

當一個人沒有能力真正認同自己的時候，
其實也很難有心力去真誠地認同別人。

這個世界是非常殘酷的，兩個人在一起，如果是出於肉體或者功利的原因，關係就比較淺薄。如果有一天你沒有錢了，你對他／她沒有用了，他／她可能就會離開你。

比如有的人，因為你可以幫助他／她拓展業務，才和你在一起，這就是一種不牢固的關係。也就是說，如果你們對彼此沒有情緒價值，甚至沒有成長價值，你們的關係就是膚淺的，一旦對方成長了、厲害了，很可能就會離開你。

假如對方和你在一起的時候，能夠感覺到很豐富的情感，能夠感覺到自己的成長是無限的，你們的關係才可能是長久的。這才是真正的吸引力。

我們想要別人對我們滿足，自己手裡首先要緊握一把好牌，這把好牌就是：我知道你的核心需要是什麼，我也能夠滿足你的核

心需要。如果我們能做到這兩點，對方一定會追著你說「我愛你」。這時對方說「我愛你」就不是一種義務，而是在表達一種需要了：「我非常需要你」。當一個人非常需要你的時候，是可以為你做任何事情的。

總的來說，情緒價值包括兩個方面：正向情緒的價值，負向情緒的價值。

正向情緒的價值來自認同：第一是我們有很多共同點，這叫求同；第二是存異，也就是尊重對方和自己有差異的地方。

如何讓一個人非常高興？比如你說出一句話，讓他能夠感覺到在你眼中他是多麼被認可的一個人，多麼重要的一個人。

有種說法叫「一起拍馬屁」。什麼叫「一起拍馬屁」？比如女孩說：「其實我是非常挑剔的一個人，有很多人在追我。有錢的男人追我，我覺得他沒有思想；特別有思想的人追我，我覺得他太書呆子了，沒意思；肌肉男追我，我覺得雖然他外形很好看，卻是一個空殼；只有你，才能真正符合我內心的需要，因為你是一個有情感的人、一個溫暖的人、一個非常善良的人，這對我是非常重要的，其他的都不重要，況且你還很有顏值。」

這樣一句話就認可了兩個人。認可了自己，就是我很挑剔，但是我選擇了你，這麼挑剔的我選擇了你，足以見得我很優秀，同時也說明你很優秀。這種雙向的認可，讓兩個人的自戀程度都飆升，使兩個人產生一種惺惺相惜的感覺，產生一種「the one」的感覺，覺得對方是這個世界上的唯一。如果戀愛沒有這些東西，那可能不是真正的戀愛。

換句話來說就是三點。第一，別人和你說完話之後，你需要告訴他，他說的話會給你留下什麼印象。比如，一個理科男生說了一堆關於工程機械的話，很多女生可能都沒有什麼興趣，但一個情商較高的女生就會說：你跟我說的這些工程機械，可能對女生來說理解起來的確很艱難，但是我很喜歡你說話時那種很認真的樣子，這個很打動我。

接下來，你可以說：我不太清楚你說的物理定律是什麼意思，你能不能幫我講解講解？你能說得更具體一些嗎？對這件事我有一些自己的想法，但是我也很好奇你的想法是怎麼來的。雖然我們兩個人的想法不太一致，但是我很想知道我應該如何更好地理解它。

最後，你可以告訴他：雖然這件事情上我們有分歧，我不一定能完全理解得了，但是你的想法對我很重要。

無論如何，就是一句話：你很重要。如果這個人真的對你很重要，你就要不停歇地去表達這些。

我不止一次地說過一個例子，在諮詢室裡，一個妻子在哭，旁邊的丈夫非常想安慰她，但他剛好是一個非常拙於情感表達的人，他的手幾次想放在妻子的肩膀上，可是手抬起來又放下，抬起來又放下，他憋得滿臉通紅。最後妻子拍拍丈夫的膝蓋說：算了，我瞭解你的心意，你這麼做我已經很感動了。

所以很重要的一點就是，**你並不是非得要為對方去做些什麼，而是要讓對方能夠感覺到**

你是很看重他的。

表達情感是很有講究的，要注意表達情感的「要」與「不要」。

不要虛情假意，要真心實意

如果你希望丈夫知道你多麼愛他，能夠誠實並清晰地和他交流是很重要的。你需要真的認可他，他是真的吸引你，值得你去說這些話。如果你說的話百分之九十都是假的，那應該叫情感欺騙、情感詐騙，你肯定是圖他別的什麼。在你的話裡，應該有百分之七十至八十是真的，剩下的可以通過你的情感技巧來表達。

比如，你鼓勵他的前提是你真的相信他。你可以告訴他，他很棒，很有天分，激勵他追求自己的夢想和目標——你說的時候，需要保持真誠。讓他知道你會為他守候，但是只有當你真的會這麼做的時候，才可以這麼說。

如果他將面臨重大事件，比如一場比賽，或是重要面試，前一天你可以表達一下你很在乎這件事，在乎他。比如為他烤一些特製的小餅乾，或是寫一張祝他好運的甜蜜小紙條，讓他知道在你眼中他是獨一無二的。如果他不夠自信，你就列舉出他的優勢，告訴他只要全力以赴，就有理由取得成功。

不要過度，要適度

要讓他知道你多麼喜歡他——但是別過了頭。你應該讓他知道你對他的感覺，每次你們約會時你至少可以找出一點他值得稱讚的地方。當感情足夠深的時候，你要很認真地告訴他你多麼愛他，儘管他表面上會說你太肉麻，但內心是非常高興的。說的時候你要看著他，同時還可以輕輕撫摸他，讓他知道你是認真的。要記住，隨便來一句「愛你喲」和真誠地說「我愛你」之間，是有很大區別的。

但別一天給他傳幾十條訊息說你多麼渴望見到他——這會讓他吃不消的。

不要卑微，要保持自尊

要確保你們的愛慕之情是雙向的。如果你一直誇讚他，他卻沒有什麼回應，那你可能就有問題要解決了。

你需要讓對方覺得他在你心中很重要，但是你不能喪失自己的尊嚴。你不能一見到他就像遇見明星或者男神一樣，恨不得撲上去讓他簽名，還不停地傻笑。

你要有自我價值感，一種真金白銀的價值感。你首先要在內心有很強的自我認同感，才會去認同別人。當一個人沒有能力真正認同自己的時候，其實也很難有心力去真誠地認同別人。

現在，你可能一時還難以開口說這些「肉麻」的話，但是需要記住，你總要找到一些方式讓他知道並且相信你的心意。

小知識：20條實用的小金句

- 謝謝你做我的男子漢，你讓我變得完整。
- 今天早上和你告別好困難，我真想和你共度一天。
- 今天晚上讓孩子早點睡覺，你覺得怎麼樣？
- 親愛的，誰穿那身制服都沒你帥！
- 今天早上我特意留出時間認真為你祈禱，我愛你！
- 我今天找好保姆了，我們去約會吧，一起去野餐！
- 謝謝你在我累了的時候照顧我，你真好。
- 今天早上的那個吻有什麼含義嗎？你讓我現在就興奮起來了！
- 隨便說，你想吃什麼？今天晚上我給你做！
- 兒子昨天晚上和你玩得好開心！你真是最酷的爸爸！
- 我好想能快一點再次躺在你懷裡。
- 嘿，帥哥，謝謝你修好了……
- 我今天好想你，盼著一會兒能好好吻你。
- 你老闆有你幫忙真是太幸運了，我真為你自豪！
- 希望今天沒有那麼多美女追我的帥男人了！

- 謝謝你對我那麼好。
- 我喜歡你，真高興你是我的靈魂伴侶。
- 今天晚上晚點睡怎麼樣？我有個新點子。
- 今天我一直在回想我們的婚禮，對於那天我說的每一個字，我仍然是很認真的。
- 我好喜歡做你的老婆。

其實只是和自己談戀愛，也許你從未真正愛上過別人

你能拿得起，也能放得下，那麼你就是完整的。

有三句話幫你行走江湖

一個人喜歡你可以到什麼程度？

一次和朋友吃飯，她悄悄對我說，你看我男朋友，怎麼連摳鼻屎都那麼瀟灑。

我說，謝謝你幫我減肥，接下來的飯我沒胃口了。

但是婚後，她跟我抱怨她老公的鼻涕紙隨手亂扔。

我問她，還記得他摳鼻屎的瀟灑嗎？

她說，謝謝你幫我減肥。

為什麼當初你愛上他的那些東西，現在恰恰成了你討厭的？

一段感情是不是自尋死路的，其實就看你到底是怎麼看對方「摳鼻屎」的。如果你覺得噁心，那麼恭喜你，你們的愛還是有希望的。

一個人是否成熟，就看他（她）在情感中到底是如何看待愛的。

那些在大雨中、大雪中、大風中苦等你，那些為了給你買小吃清晨跑遍半個城市，那些覺得你是這個世界上最美好的存在的男人們，你覺得就一定是可以相伴一生的人嗎？

如果你的回答是「是的」，那麼你一定是「菜鳥」。

你一定要記住這三句話：

- 出來混，總是要還的。
- 所有的付出，都是要回收的。
- 沒有人會做賠本的買賣。

碎片還是整體？決定是否為真愛

如果一個人需要太多的愛，或者一個人給別人太多的愛，又或者一個人需要太多的肯定，以及給予他人太多的認同，那麼都說明這個人在未來的情感中可能會翻臉。

短期關係和長期關係最大的區別是什麼？

前者需要迷戀，後者需要合作。

迷戀的原理就是投射，主要成分是荷爾蒙，而荷爾蒙主要用於幻想。

我們為什麼需要幻想呢？因為幻想有時候可以幫助我們做到我們一直都想做但又做不到

的事。比如阿Q被老闆打了一頓，他會幻想，「我是你老闆」。
但是，據說馬雲當年面試肯德基被拒後沒有這樣幻想，而是思考自己接下來要做什麼。
由此，我們可以看到，這個世界有兩種人：一種是「碎片人」，一種是「整體人」。
什麼是「碎片人」？就像是早產兒，一出生就要進入保溫箱，比起一般的嬰兒，他們需要更恒溫恒濕的環境。因為他們脆弱，無法應對一般嬰兒可以應對的世界。
「碎片人」的世界，就是極度需要「保溫箱」的世界。
從某種程度上來說，我們每個人都需要「保溫箱」的部分。這個部分就是我們的缺陷，我們的脆弱層，我們未療癒的創傷，我們的玻璃心所在。
玻璃心在我們的內心所占的比例越大，我們就越難以依靠自己活下去，要更依靠外界的環境才能存活。

一次，我在遊樂場看到一個男孩，在玩攀岩的時候，他偷偷跟教練說：「我不想爬了。」教練說：「可以啊。」男孩跟教練說：「你跟我爸說一下吧。」教練笑了笑說：「你自己說不行嗎？」那男孩回頭看了一眼他爸，歎了口氣，繼續往上爬。
還有個女孩，也想玩攀岩，可是剛上了第一個小臺階，就停下來對爸爸說：「爸爸我怕。」爸爸說：「爸爸知道了。你還想爬嗎？」孩子點點頭說：「還想。」
爸爸說：「沒關係，要是我，我也怕的。」

這個孩子就顫顫巍巍地繼續往上爬，最後終於爬到最高點，她驚喜地回頭看爸爸，說：「爸爸，我做到了！」爸爸給她點贊，說：「真棒！」

這個男孩的眼神令人心酸，他以後可能就是「碎片人」。孩子以後是「整體人」還是「碎片人」，很可能取決於他看爸爸的那一瞬間。如果爸爸說：「沒關係，不想爬就算了。這個不好玩，我們玩別的吧。」孩子就會收到人生中非常重要的愛：你可以做不到。然後，他就不必一生都像攀岩這樣掛在牆上，進退不得。他不必永遠做個「像個男人」的男孩，他不必那麼完美，那麼優秀。

而這個女孩收到了人生中非常重要的愛：你可以做到，因為我陪著你，一切都不必害怕。

你能拿得起，也能放得下，那麼你就是完整的。

如果你不被鼓勵去拿起，也不被允許放下，那麼就只能上身穿棉襖，下身穿內褲，就像是那些愛美到凍成關節炎的日本女人一樣，你的人生只能片面地活著，不能全面立體地活著——只有陽光照射到的地方，才有生命。

相愛一生，其實我們從未相識

片面之愛，會讓我們對外界的認同充滿了渴求，我們不會相信，我們可以靠自己活下去。

我們會有兩個傾向：過於放大他人，或者過於放大自己。

我們先來看過於放大他人。

我們的很多關係都會進入到「追逐—改造—貶低」的模式裡。

來如驚濤拍岸，去如流星趕月。說你行，你就行，不行也行；說你不行，你就不行，行也不行。

要麼他希望你永遠都完美，甚至不能接受你也需要拉屎放屁；要麼他希望你永遠優秀，這樣他可以一直崇拜你，如果你做不到，他就會覺得你失敗透頂；要麼他希望你一定要配得上他，否則你就是垃圾。

我們再來看過於放大自己。

他會不斷挑剔你，不斷通過貶低你來抬高他自己。

他會不斷要求你滿足他的需求，卻從來不知道你也有自己的需求。

他會認為你就是他，他想要的就是你想要的，你和他所有的不同，都是要滅絕掉的。

總之，要麼你成為一個完美的存在，他和你在一起，就不必面對他自己的殘缺。要麼你成為一個垃圾桶，可以供他把自己所有的陰暗面都扔到你身上，讓你認同和接受他自己都無法承受的一切。

這樣的人一般都比較自戀，該如何與這樣的人相處？

自大型自戀者和自卑型自戀者往往會互相配對，形成一種施虐和受虐的關係。前者需要有人做他的垃圾桶，後者需要有人做他的神像。因為他們都缺乏一個「過渡」的空間。

但悲劇的是，這個過渡空間不在外面的世界，也不在內心的世界，而在外面世界與內在世界的交界處，比如諮詢室。

諮詢實錄：一個「碎片人」是怎麼變成「整體人」的

有人跟我說：「對不起，我哭了。」

我說：「你哭為什麼要跟我說對不起？」

「因為，這是不好的。」

「哪不好？」

「讓人笑話。」

「笑話什麼呢？」

「像個孩子。」

「像孩子有什麼不好嗎？」

「不好！像孩子就軟弱，就無能，就脆弱，就是不該的。」

「這是誰說的？」

「我爸說的。」

「你覺得他說得對嗎？如果你不同意會怎樣？」

「他會轉身離開，根本不搭理我。我就是個沒人要的孩子了……」

諮詢快結束的時候，她跟我說：「好像我把這輩子的眼淚都流在這裡了。在外面的世界裡，我永遠是光明的、強大的、無所畏懼的、無所不能的女子。可是沒有人知道，我也有哭成淚人的時候。」

然後，因為我沒有記住她覺得很重要的、曾經跟我說過的事情，她對我大發雷霆。

我知道，那是她父母曾對她做的事情。

她從未真正相信過我。因為誰能保證，我不會在她依戀我以後，像她父母那樣，把她重重摔在地上？

她說再也不會找我做諮詢了，她說我只是賺錢的商人，我對她那麼重要，而在我眼裡，她不過是一個病人，在我的世界裡，她什麼都不是。

我說，聽你這麼說我很難過，因為這個世界最痛苦的事情，莫過於自己如此看重的人，卻覺得自己什麼都不是。我知道，一旦遭遇這樣的時刻，你最想做的就是抽身離開。可是，也許我們還有一個機會留下來，走過這個可怕的通道。

她拒絕了。

但下次諮詢，她還是來了。我問她為什麼回來。

她說，因為我說過「我願意和你一起面對」，這句話打動了她。這是她父母從未說過的。

她父母能說的就是「我這麼做是為了你好」和「我對你做了這麼多，你不感恩，反而指責，你怎麼這麼不懂事啊」。

所謂的過渡空間，就是這樣的所在，你可以安全地探索你想做的，但不會做或不能做的事情，然後就長大了。

很多次諮詢以後，她說，她不知道自己為什麼要到我這裡來。

我說，你可以不來啊。

她說，其實很多時候，她到這裡有一種感覺，這個世界上只有這裡才是她的支點，她在這裡可以脫下那些盔甲，起碼她不必防備我。

漸漸地，她來得沒有那麼頻繁了。

我說，你怎麼不經常來了呢？

她說，她不需要了，因為遇到問題的時候，她就會問自己，如果她找我，我會說什麼。

我說，然後呢？

她說，然後這件事就過去了。

最後，她跟我說「再見」了。她說謝謝我，她要走了。她說我好像什麼都沒做，我只是聽她說，只是聽她哭，只是告訴她，一切都是被允許，我只是坐在那裡，我什麼都沒做，可是她卻得到了她最想要的。

我說，你最想要的是什麼？

她說，一個形成她自己的空間。

有人會問，這是真實的故事嗎？

它是真實的，也是虛構的，說它是虛構的是因為這個故事是編的。但它也不完全是編的，因為在我上萬小時的諮詢經歷中，很多人和很多經歷都是類似的，我說的是成千上萬株小苗長大的過程，而不是一株小苗長大的故事。

一切有療癒功能的關係，都可以讓我們有機會真正地長大。

也許，這就是我們去愛的真正原因，從「碎片人」到「整個人」，走出「保溫箱」的世界，走到真實的世界裡去。

為什麼愛得越久越不能真心相對

沒有感覺，就是一種感覺。

為什麼表達情緒這麼難

世界上最難解之謎，莫過於：道理我都明白，可是我就是做不到。

而另一個未解之謎就是：我們不知道對方到底想要什麼，對方也不知道我們想要什麼。很多話到了嘴邊，卻又咽下去了。

為什麼表達自己的情緒那麼難？

最讓男人崩潰的一件事就是聽到女人說：我們在一起這麼久了，你怎麼就不知道我想要什麼？

最讓女人崩潰的就是聽到男人說：我不知道我想要什麼。

為什麼我們在情感中那麼難表達自己的情緒？

四種父母帶來四種人生

回答這個問題，我們需要從另一個問題說起：表達情緒會給我們帶來什麼？

現在，想像你是一個嬰兒，當你餓了，不哭也不鬧，這樣做你就是在冒險：你怎麼知道媽媽會明白你餓了？如果她是個粗心大意的人，根本就忘了你的存在，那麼等待你的恐怕就是死亡。

所以，孩子一出生，就會哭，就會鬧。

如果媽媽給你很好吃的東西，你還想吃，你需要發出什麼信號呢？因為開心，你要咯咯笑，這樣媽媽就知道你很喜歡吃這個東西，你就有機會繼續吃到你想吃的。

所以嬰兒就是這樣活下來的，嬰兒發出信號↓父母接收到信號（信號包括正向喜歡的和負向不滿的），並且回饋↓嬰兒存活。

接下來，又一個問題出現了：父母的回饋是不是都一樣呢？當然不一樣。

父母大概有四種回饋：誤解回饋、不回饋、不完全回饋、適度回饋。這四種回饋很大程度上決定了孩子在長大以後表達情緒的能力和方式。

1. 誤解回饋

當孩子餓的時候，父母如果揍孩子一頓；或者給孩子換尿布，孩子的需求完全被誤解為折騰父母或者提出無理要求；或者認為孩子不是餓，而是想喝水而已，那麼這個孩子的存活成本就會很高。

因此，孩子需要把所有的能量都用於幫助父母理解自己。他必須先理解父母，然後再幫父母理解自己。他用盡所有力氣，才能吃到別家孩子很輕鬆就能吃到的奶。

於是，他能成為超級同理心父母的人，卻唯獨不能同理心自己。

2.不回饋

有人跟我說，他從小就是被放在床上養大的，父母忙於工作，只有中午會回來餵他一次。有一次父母加班，中午沒回來，晚上回來的時候，發現他頭朝下，趴在床下，幾乎窒息而死。

這個孩子經歷了怎樣的哭天天不應、叫地地不靈的一天？這樣的日子如果不是偶爾，而是經常如此的話，這個孩子就必須學會隔離自己的情緒，進入精神上的假死狀態。

3.不完全回饋

父母會給你提供一切衣食住行的「愛」，但對你所有的精神需求毫無回應。這就是我經常在文章中提到的「衣食父母」而非「心理父母」。

你說有同學欺負你了，父母充耳不聞，或者把你罵一頓；你說學習有困難，很擔心達不到他們的期待，父母就說你太嬌氣，不體恤他們。你得到的愛永遠都是「冰與火」的遊戲，你很困惑父母到底是不是愛你。

一方面，他們特別關心你的學習，你的身體；另一方面，他們連你想自殺的念頭都不知道，儘管你都直接和他們說了，他們也好像失去了聽覺一樣。

這樣的孩子長大以後就會生活在矛盾之中，不知道自己真正想要的是什麼。你在聊到自己父母的時候會說：「我父母對我很好，他們很愛我，但他們的表情卻騙不了我——我能看到他們的悲哀。」

你在表達自己的情緒方面會陷入悖論：只能表達被允許的，而不能表達不被允許的。

4. 適度回饋

我們都渴望這樣的父母。如何形容這樣的父母呢？「不帶誘惑的深情，不帶敵意的堅決」。

一切不能真正同理心自己孩子的父母，都是因為活在自己的世界裡，他們因為無法解決自己的心魔，於是只能讓身邊最親近的人來承擔。

前三種錯誤回饋孩子的父母的心魔是他們竭力想去遮掩的陰影。

有的父母絕對不能接受自己的孩子受到一點傷害。有時孩子摔倒可能是一種很新奇的體驗，他想和父母分享，摔在地上很好玩，但父母就像是離弦的箭一樣，拖著救護車般的哭喊聲衝到了孩子面前，讓孩子的驚喜變為恐懼。

有的父母如果很自卑，就會擔心孩子不夠堅強，於是從嬰兒時期就開始「訓練」孩子的「延遲滿足」能力。於是，這個孩子總得不到必要的撫慰和足夠的滋養，會變得更瑟縮、更脆弱，父母也因此更加不滿。惡性循環由此誕生。

有的父母如果對生存充滿了焦慮，或者忙於到外面的世界尋找自己的價值感，就會忽略孩子的需求，讓孩子自生自滅地長大，孩子就會不得不說服自己活在情感的沙漠裡，讓自己的所有情感都變成空氣一樣不可見。

父母把自己都無法承擔的脆弱放在自己的孩子身上，把自己都無法承擔的焦慮放在孩子身上，把自己都無法承擔的恐懼放在孩子身上……

孩子如果要承擔父母都無法承擔的情緒，就會失去發展自己情緒的能力，他們無法區分，自己體驗到的是自己的情緒還是父母的情緒。

於是，你就這樣變成了情感表達困難者

所以孩子會在成人以後遭遇以下三種情感表達障礙。

1. 隔離情感

做「內在小孩訓練營」的時候，有人問我：我沒有任何感覺怎麼辦？沒有感覺，就是一種感覺。

開始心理學學習的時候，我曾經羨慕很多女人，她們可以有那麼豐富的情緒體驗，有那麼自然的情感表達，而我卻什麼感覺都沒有，就像是一塊木頭。

回看我二十歲到三十歲的人生，我曾經一度非常絕望：我似乎是兩個人，一個人好像有正常的情緒，也會哭，也會笑，也會談戀愛，像一個「正常人」一樣活著。但在另一個層面上，我覺得自己內心有一塊地方始終是在沉睡的，就像是冬眠的熊。

這十年，我其實是「假裝活著」，沒有「存在感」地活著，我活著，但其實死了。因為我不知道我到底想要什麼，我也不知道我適合什麼，我不知道我的未來會走向何方，我沒有體會到心動的感覺。

二十歲之前，我生活在學習的焦慮裡；二十歲以後，我生活在空虛之中，我不知道除了學習，還有什麼值得我去拼搏，而學習其實也不再是我奮鬥的目標了。

這是一段很漫長的自我發展的過程。

直到有一天，我忽然頓悟，我忽然看到了自己的內在小孩，淚水奪眶而出——很多年都沒有像一個小孩一樣哭過了。此時才知道，我也需要依戀，我最想做可以躺在日式榻榻米上曬太陽的小孩子。

我找到了自己，也就找到了屬於自己的情感。

所以，很多男人（當然也包括女人）都和我一樣，他們都是靠本能活著，為一個從未思考過的目的活著。他們的感情具備一般的標準，從未真正體驗過發自內心的情感。他們總是會說：囉囉嗦嗦什麼啊，哪有那麼多故作文雅的情感？

我之所以找到了自己的情感，是因為我終於可以消化乃至放下父母放在我身上的生存焦慮。我才能開始發展自己的情感，我才能開始表達自己的情感。

2. 分裂情感

很多焦慮型的人處於這樣的分裂狀態：

當他們愛你的時候，你會感覺到如升天堂；當他們驕縱起來的時候，你會覺得如墜地獄。

他們的人格是分裂的，可以瞬間進入到另一種情緒狀態。前一刻還嘻笑顏開，下一刻就愁容滿面。

衝動是魔鬼，很多人的感情都是如此，說了不該說的話以後又後悔了，然後想挽回，卻已經破鏡難圓。但是無論事後怎麼打嘴，到了下一次，他們嘴上還是沒門的。

為什麼他們會有如此跳崖式的表達？因為他們的世界缺乏一個過渡性的空間，他們必須做強者，才能驅逐自己的弱小感。

我們面對無中生有、無奇不有、無所不能這樣「三無世界」的時候，最原始的處理方式就是：假裝自己沒有處理的情緒，假裝對方不是自己要面對的人。

分裂情感者就屬於後者。

他們會忘記這個人是他所愛，只記得對方是需要用機槍射殺掉的壞蛋。一是給自己施魔法，讓自己的一部分消失；一是給對方施魔法，讓對方變成另外一個人。但這都屬於孩子式解決問題的方法，在成人的世界一定會失敗。

迴避型的人會不明白：這個女人哪有那麼多情感啊？是瘋子嗎？

焦慮型的人也會不明白：這個男人太殘忍了，我有這麼多的痛苦，他卻毫無知覺？

無論是太少的還是太多的情感體驗和表達，都是因為我們的過去成長環境不允許我們真實地長大。於是，我們才會過度地發展某種能力，成為「偏科生」。

3.衝突情感

很多人並不是如此碎片化的，而像看到「國王的新衣」那樣，明明看到了，卻假裝沒看到。

我健身的時候，教練問我：「現在的訓練量如何？」

我說：「還好。」

教練啞然失笑：「什麼叫作還好？」

我說：「就是還行。」

教練說：「是百分之多少的還行？」

我說：「是百分之一百二十的還行。」

教練說：「那就是不行，你覺得過量了，是嗎？」

我說：「是的。」

教練說：「如果我不這麼問你，我還以為你是可以承受的。」

……

接下來，我問自己：為什麼我會在不行的時候還說「還好」？

其實，我幾乎把自己矇騙過去了，在自己完全無法承受的時候，居然無所察覺。

然後，我看到了自己內在的流程——

我的身體跟我說：不行了，大叔，你的身體受不了了。

我跟我的身體說：既然教練給我安排了這個量，就說明一般人都可以達到，如果我認了，那多丟臉！再堅持一下吧！

身體說：大叔，你年紀不小了，不能這麼鬧了，接下來一周你一定會很難受。

我說：我的面子更重要！你閉嘴！

如果我不去覺察，我幾乎都意識不到自己內心的自動化流程。這個流程一定已經被執行了上億次，所以它幾乎已經自動化了，於是我就成了一個「死要面子活受罪」的人。結果呢？我永遠都會吃虧。

為什麼成功男人最後都愛上了這種女人

沒有人可以佔便宜，所有的幸福，都是靠經營得來的。

為什麼你的朋友圈沒老公的身影

你最想嫁給什麼樣的男人？

這個問題，往往會有兩種答案：一是居家型的男人，二是事業型的男人。

如果你說「我想嫁給最有上進心的男人」，那麼當你真的嫁了這樣的男人，有一天聽到《愛上一個不回家的男人》這首歌的時候，不要哭。

一個朋友，她的朋友圈所有的炫富圖裡都沒有老公的身影。很多人都會羨慕她貴婦般的生活，只有她自己清楚，這個所謂的「命好」要用多少「心苦」來代償。

好不容易確定下來要到夏威夷度假慶祝結婚五周年，到了機場，因為公司有突發狀況，老公拔腿就走，留下一堆爛攤子要她來處理。

生病的時候，他消失。
生孩子難產，他在出差。
孩子受傷了，送急救室，他要陪老闆參加決定公司生死存亡的談判。
父母生大病了，來都市治療，他從未現身過。
……
這樣的事情太多了。
每次遇到這樣的事情，他總是一臉歉疚。
難道就沒什麼表示嗎？沒有。
他所有銀行卡都在她手裡，就算是想要買個禮物，他都覺得多餘了：錢都在你這裡，想買什麼都隨你。
物質的極大豐富、時間的極度貧瘠，這就是嫁給事業型男人你最有可能遭遇的生活常態。

很多婚姻毀於補償心態

既然如此，為什麼要嫁給事業型的男人呢？
也許有很多理由，但最常見的一種是：理想化的需求。

如果你小時候經常會咬牙賭咒發誓：我以後一定要找一個和我爸爸完全不一樣的男人相愛，那說明你很有可能跳入了心魔的陷阱。

我們在原生家庭裡缺什麼，就很想在婚姻中補什麼。但這種「補償心態」往往會成為日後自釀苦酒的禍根。

如果你上初中的時候被其他女生嘲笑鞋底破了都沒錢換新鞋；

如果你從小有一個吃喝嫖賭還家暴的爸爸；

如果你看到一個被媽媽看不起的懦弱爸爸，是如何過著被人輕賤的人生的……

你就會有一個很強烈的願望，想找一個強大的、有上進心的、有野心的、有侵略性的男人。你渴望有人保護、有人支撐、有人養著、有人寵溺，還可以好好過崇拜的癮。

有人會問：這有什麼不對嗎？

沒什麼不對。

不過，我們每個人面對資源都會有兩種態度：

- 嬰兒思維：我餓了，就要吃奶，但奶在別人身上。
- 成人思維：我餓了，用自己的錢買奶吃，雖然奶在別人那裡，但我可以靠自己的本事，通過交易獲取。

前者，是靠自己的身分和弱勢思維獲取資源；後者，是靠雙方利益的互換和雙贏思維獲取資源。

哪種方式更好？我不知道。

我只知道，每個人的嬰兒期都會過去。如果一個人二十多歲還要躺在家裡等著媽媽餵奶，我們會認為他有病。

真正平衡的關係是需要三種視角，在不同的時期各自有著重的。比如，一個男人在自我價值的原始積累期，是需要他人仰視的；當他的自我價值已有一定的積累，他可能更需要平視，這樣可以為他的世界帶來更豐富的資訊；當他的自我價值積累到更好的程度時，他可能需要一個可以讓他仰視的女人，因為他已經不需要外在的成就來補償他的自卑，能臣服於他人的強大。

如果你帶著嬰兒思維和補償心態進入婚姻的話，就會在婚姻中埋下一個定時炸彈。那麼，無論看上去多美好的關係，其實都是建立在沙灘上的。

怎樣守護事業型男人

一個事業型男人的前半生和後半生，是分別需要兩種女人的，你屬於哪種女人？

舉個例子吧。比如《虎嘯龍吟》這部電視劇——這部女人可能不太愛看的劇裡，其實藏著美滿婚姻中最重要的兩個秘密。

司馬懿有兩個妻子，一個是原配張春華，一個是皇帝硬塞給他的柏夫人。

如果你把後者看成小三，那就沒辦法好好學習了。我建議，你可以把這兩個女人看成一個事業型男人的前任和現任。

司馬懿的前半生裡，張春華起了非常大的作用。

首先張春華會功夫。在那個亂世，有一個會保護家族的女人，這對一直都生活在滅族危機中的司馬家來說非常重要。如果不是張春華當機立斷殺死曹操的眼線，以及冒死把聖旨送給曹丕，也許就沒有司馬氏日後的榮華富貴。

比會功夫更重要的是她的強勢風格，對一向陰柔還有些小自卑的司馬懿來說是很好的補償。很多時候，他在面對危險的時候，張春華的快人快語會非常振奮精神。

另外張春華生了兩個兒子。司馬懿生性多疑，有一個忠心耿耿的女人在身邊，會給他很多的安全感。張春華的淡泊名利，也是司馬懿想要的一種生活方式，但他的野心始終無法相容這種生活，只有找一個安於家庭生活的妻子，他才能偶爾體會一下「遠遁世外」的快樂。

簡而言之，我們可以概括一個事業型男人，在婚姻的前半段對女人的需求模樣。他需要這樣的女人：

- 頭腦簡單。
- 忠心耿耿。
- 熱衷家庭生活。

• 性情中人，可以為他「擋子彈」。

在司馬懿的後半生呢？柏夫人取代了原配的地位。為什麼？因為當一個男人完成了奮鬥期的攀登以後，也就初步完成了自我價值的原始積累。也就是說，他有足夠的功業來支持自尊了。此時，他需要這樣的女人：

• 頭腦更複雜，懂得他的世界。
• 忠心耿耿。
• 可出世，也可以入世，可以讓他享受男女之愛，也可以成為閨閣中的女諸葛。
• 讓他崇拜和欽佩。

在司馬懿的前半生，他需要俯視和仰視的視角。時而把張春華當成孩子來看，滿足她的種種驕縱的要求；時而把張春華當媽來看，讓她來保護自己的人身安全。

他的後半生，則需要三種視角。他需要平視的視角，一個可以給他提供開闊思維幫助他事業的人。他需要被理解、被懂得、被欣賞。他需要感覺更多的激情和挑戰。他也需要仰視的視角，但不是恐懼，而是欽佩。他也需要俯視的視角，但不是看不起，而是憐惜；他需要被需要的感覺，但不是累贅，而是很享受的感覺。

一個想要成功的男人和一個已經小有成就的男人，對生活、伴侶、婚姻的需求和願景都已經有非常大的不同。一個女人如果不隨之成長，很容易就會成為一個他生活中非常尷尬的角色。依恩情、依角色來說，你很重要，但從需求的角度來看，你已經out（落伍）了。

我們最好不要活到這種「你很重要，可是我不需要」的階段上。

沒有「家規」，你的婚姻沒有未來

那麼該怎麼做呢？

首先，你要和一個事業型的男人在一起，就要調整自己的預期。

一個事業型的男人，可以給你帶來很多平庸男人無法提供的福利，比如物質、人脈等。但是這樣的人，必然是個大忙人，無法給你想要的陪伴，必然會把事業放在你的需求之前。你不要太自戀，認為可以輕易改變他這種傾向。

所以，在和他關係最好的時候，你一定要做好兩個預案：不變數預案、變數預案。

什麼是不變數預案？

有一些時間是沒商量的、神聖不可侵犯的。

歐巴馬曾驕傲地說，即使在長達二十一個月的總統選舉中，自己也從來沒有缺席過一次女兒的家長會。

縱然再忙，能比歐巴馬更忙嗎？

在結婚之前，你就要告訴對方：「一旦我們決定懷孕生子，那麼就意味著我們都需要部分犧牲一下自己的事業發展，你必須要出場的時候一定要出場，比如我生孩子的時候，比如孩子的滿月宴會上。既然你是已婚人士，就意味著你也要為婚姻做點兒什麼。」

很多女人缺乏這種談判意識，所以完全按照丈夫的大男人思維過日子——如果我沒時間陪你，我就給你張銀行卡。

一旦女人接受了這種簡單粗暴的物質補償方式，就會形成關係裡的「路徑依賴」。他認為用錢用禮物就可以打發你，而你其實並沒有被滿足，如果有一天你忍無可忍發作起來，他就會莫名驚詫，覺得你太驕縱。

什麼是變數預案？

你們每年都要有假期，而這個假期可能會被工作的臨時變化而影響，沒關係，可以再換一個時間，這個時間定下來最好就不要動了。

如果你的丈夫處於焦頭爛額的時刻，你可以不為難他，但也需要有一個補償，不一定是要多少錢，而是需要他花時間。

比如，兩個人到當年第一次約會的地方吃頓飯，或者陪你做一件他一直都不願意做的事——陪你逛商場，手機全程沒收。

總之，要保持他對關係的必要投入，而且是用心的投入。

對於事業型的男人，你必須要提高你們相處的「質」而非「量」，這需要你動腦筋和更用心，沒有人可以佔便宜，所有的幸福都是靠經營得來的。

婚姻中的我們需要脆弱相對

當一個戰士和一個遊樂家在一起生活的時候，
衝突不可避免地發生了。

婚姻的渾水到底有多深，他是在一個失眠的晚上，靠在沙發上玩剛買來的平板電腦的時候才忽然明白的。

他聽自己在喃喃自語：我要離開她。

他被這句話嚇了一跳。這不可能，他們還在如此你儂我儂的時候，為什麼會有這樣的雜音出現？

這就好像我們跟自己說要截掉好端端的大腿一樣荒唐。因為這個聲音太過奇怪，反正他也睡不著，不如就這樣追尋下去，看看到底是什麼讓自己說出這樣的話。

「這裡已經不需要我了。」這是第二句嚇著他的話。

怎麼可能？她每天都那麼深情地看著他，告訴他：我是多麼多麼需要你，你是如何如何地滿足了我。

一切越發像一個懸疑劇了。

漸漸地，他看到他的內在深處有一個紅著眼睛的、厭倦的、憂傷的、邋遢的小男孩，嘲笑地看著他說：「你為什麼睡不著覺？」

「很簡單啊，因為白天太忙了，一直到晚上我還很興奮，這只是偶然失眠，算不了什麼。」

那個小男孩聳聳肩，冷笑：「你可以繼續用越來越多的證據和我辯論，但是如果一切都是虛幻的，我為什麼會來到這裡？你可以說，我是你太累的時候出現的奇思怪想，你可以繼續欺騙自己。你可以問問自己，你為什麼昨晚夢見了前女友？」

他有一個談了五年戀愛的女友，女友是個長得有些像《腦筋急轉彎》裡憂憂那樣的人，很憂鬱和壓抑，卻對他幾乎百依百順。當初他之所以和她在一起，也是因為他那段時間非常失意，兩個憂鬱的人在一起，似乎比較相配。有一次，他無意中打開過去的照片，發現和她的合照他從未笑過，永遠都苦大仇深地皺著眉。

冰箱裡永遠都是空蕩蕩的，洗碗池裡總是堆著沒洗完的碗筷，洗手間髒到他都無法忍受的時候才自己去清洗……這些都不重要，最難以忍受的是當他慢慢從抑鬱的狀態中走出來的時候，女友還在谷底躺著。他受不了那種讓他壓抑到要瘋的空間。

然後他遇到了他的天命，一個充滿了熱情的，有力量的，像一朵大牡丹一樣驕傲地綻放著的女孩。他決然地離開了這段快要讓他窒息的關係，奔向了嶄新的充滿了希望的生活。

他和她在一起，去了很多從未去過的好玩的地方；吃了很多過去從未吃過的美味；甚至一起合作做了很多事情；現在他和她住在一個裝修得像宮殿的大房子裡，他的人生完全脫胎換骨了。

他不止一次地感謝老婆：如果沒有你，我的人生還是一條鹹魚，而現在我卻擁有了這麼多我做夢都沒想到的東西。

他知道自己就像一把濕漉漉的柴火，需要被點燃。

這個充滿了激情與能量的女孩，讓他的生活充滿了色彩。這些色彩讓他相信，就算是此刻死掉，也無憾了。

但是，為什麼這個時候他內心蹦出來一個孩子告訴他，他不被需要了，這裡不屬於他了？

在夢裡，他非常清醒地瞭解自己已經有婚姻了，他很好奇地問前女友：「為什麼你還和我在一起？我們不是已經分開了嗎？」

前女友笑了：「那也不妨礙我們在一起啊。你是離不開我的。你就屬於我。」

這個世界實在太瘋狂了。這哪裡是懸疑劇，簡直就是恐怖片。

從震驚中醒來，他開始承認，有些什麼不對勁了。

首先，他的人生中從未經歷過如此多的質疑。和一個精力旺盛的女人在一起，他的人生會有很多跌宕起伏，但同時也讓充滿抑鬱體質的他開始有些累了，畢竟他過去和前女友過的是一種相對靜態的生活，甚至他的原生家庭的氣氛都是有些壓抑的，他從未見過一個人可以瞬間就小宇宙爆發。

他的爸爸在他小時候脾氣還算火爆，但也都是瞬間即逝，而且會被全家人鄙視。

原來他聽的音樂都是相對憂傷的，像催眠曲一樣的調調，但現在他感覺自己每天都在聽搖滾。

原來他一直都有懷才不遇感，現在他好像已經小有成績了，按照這個趨勢，他的成就會越來越高，可是他對此準備好了嗎？

在她面前，他有些緊張，有些疲勞，感覺她那種種挑剔的話就像是伊努特人手裡的鞭子，所到之處，他氣喘吁吁地飛奔。

他要注意刮鬍子、把褲子拉鍊拉好，每天要八點起床，刷碗不能留任何油污點，如果出去吃飯他不幸迷路了，那就是他的死期。

他喜歡開心大笑的她，喜歡袒露脆弱、像小貓一樣依偎著他的她，但是他也害怕脾氣暴躁到可以吞沒一切的她。他現在的處境就像是《少年派的奇幻漂流》裡的小男孩，和猛虎同船。

他很想有自己的空間，想要遠離如此多的衝突，他累了。也許這就是為什麼他開始夢見前女友的原因。可是，他很清楚那不是他的選擇，而這裡也日漸陌生了。這種陌生是從他回老家開始的。

春節回家的時候，他吃媽媽做的飯，忽然之間，他覺得家裡的飯菜好難吃，而且很不衛生，他覺得家裡又髒又亂，以前他從未有過這樣的感覺，後來他明白了，是因為和老婆在一起，他已經慢慢被同化，開始成為一個優雅的城裡人，與鄉下老家之間有了隔膜，這可是他一生中最重要的十幾年建立的種種習慣啊。

那個邋遢的小男孩，在他心裡說：你被她同化了，可是你是誰？你不能出錯了嗎？你不能馬虎了嗎？你不能愚蠢和無能了嗎？你不能像一個小孩子一樣癱在床上嗎？你不能憂鬱嗎？你不能纏綿地感傷嗎？當你變得強大、完美、優雅和時尚的時候，你的這些部分該怎麼辦？當你感覺到自己很有價值的時候，你覺得快樂嗎？當你過上想要的生活的時候，你覺得開心嗎？走吧，這個家不允許你的這些部分存在。回到那個可以允許你的這些部分存在的地方吧。

可是，他已經回不去了。他以前可以在路邊攤和朋友一起吃麻辣火鍋、喝啤酒，現在他看到這些，浮現的只有老婆給他灌輸的種種回鍋油的想法，他的舌頭已經挑剔到沒法回到可以糊裡糊塗吃海塞的時候了。

就好像三毛一樣，他被收養到了富貴人家，他覺得那裡不是他的家，但讓他回到垃圾堆，卻也不能了。

他為什麼不接受「垃圾堆」又不能接受「皇宮」？他的父母都算是比較有能力的，然而在家裡卻像兩個未能長大的孩子，如今的他跟父母在一起時，似乎才像真正的家長。他既崇拜他們，同時又鄙視他們。他不知道如何平衡自己的認同。

他的生活也充滿了這種自相矛盾：一方面他是如此光鮮奪目，一方面他又是如此孩子氣。

她睜開眼，發現身邊空蕩蕩的，然後閉上眼，假裝自己睡著了。

生活永遠都比韓劇更荒誕。她曾對閨密說過，在這個世界上，她最崇拜的就是A了。可是最終，A還是成了前任。她不知道一個如此陽光大氣的男人居然可以和別人一起算計自己。如果一切都是那麼醜陋，這愛，還有什麼必要存在？

她從此明白了什麼叫作「畫皮」，畫人畫骨難畫心。

遇到現在這個男人也就是她老公的時候，她正在冰凍的世界裡。一天工作十八個小時。工作、工作、睡覺、工作、工作……只有這樣，她才不會有痛感。

直到一天深夜，她加班回來，看到他在寒風中微笑著等她的時候，她冰封的世界開始融化，她才瞭解自己有多需要一個胸膛，可以把自己藏進去，藏進去。

這個男人的胸膛可以跑馬，她可以在他面前肆意撒嬌，他是男人界的奇葩，她傾訴痛苦和脆弱的時候，他居然可以理解，而不像很多男人那樣說：別想那麼多了，你是不是太神經病了？

然後她逐漸發現了真相：他對她的包容，只是因為他根本沒有她的那種完美主義。對他來說，這個世界就是一個遊樂場；而對她來說，這個世界就是一個戰場。但是當一個戰士和一個遊樂家在一起生活的時候，衝突不可避免地發生了。

當她累的時候，他的溫暖和開心對她來說是致命的吸引。而當她想要戰鬥的時候，他的拖拉和低標準就讓她發狂了。

她夢見外婆和媽媽，以及她和家族的其他女性，每個人都拿著一把雪亮亮的超級大剪刀，像是在出征，像是在復仇。

在她媽媽這邊的家族裡，沒有一個男人是「帶種」的。出軌的出軌，早亡的早亡，失敗的失敗。

她爸爸是一個非常剽悍的遊樂家，吃穿都特別講究，一天到晚鑽研各種遊樂項目，跳舞、踢足球……無所不包，直到他迷上炒股，一塌糊塗以後，整個人垮掉了。她從小聽得最多的話就是媽媽那句：你就是個廢物，你還能幹什麼？

爸爸一開始還忍著，忍不住了就出去走一走，然後趁媽媽睡著了才躡手躡腳地上床。

而家族裡的女人都是那麼的強大，卻少有幸福的，後半生都是孤獨的、哀怨的。強橫了一輩子的外婆，最後癱瘓了，事事都要被她狗血淋頭地罵了一輩子的無能老公照顧。只有這樣，他們倆才真正開始琴瑟和鳴了。

想到這裡，她忽然打了一個冷顫：我到底能不能真正地和一個男人長期地生活在一起？

老公似乎也像是甘蔗一樣，慢慢地被她咀嚼得沒有味道了。

她又開始慢慢地失望了，就像是當初她開始看前任一樣，從仰視到平視、俯視，最後到不忍直視。

她是否也在拿著那把大剪刀？她是否在心裡也是痛恨男人的？而她為什麼要痛恨呢？

她知道，自己曾有一個非常大的遺憾，媽媽實在太囂張了，爸爸實在太軟弱了，如果他能站起來，狠狠地打媽媽一個巴掌，她會拍手叫好的。但是他從未這麼做過。她心疼爸爸，也是如此鄙視他。

她知道，如果她的丈夫開始脆弱、開始退縮、開始不知所措，她的那種恐慌就會出來：你千萬不要變成我爸爸那樣的人！

她無法忍受那時候自己的感受，看著家裡的一頭怪獸橫衝直撞，她卻不知所措。

「我不想要外強中乾的男人，我也不想要一個只知道玩樂的男人，我想要強大到可以保護我的男人。我的老公，足夠溫暖了，可是他並不強大。怎麼辦呢？他並不是（食之無味，棄之可惜的）雞肋，卻開始有了這樣的感覺。我不能失去他，可是也無法全身心地愛他了……」

他知道，她也沒有睡著。

他們來到了生命中相似的路口。

他足夠聰明，知道就是在這個路口，他和前任之間的情感灰塵慢慢積累起來。

她也足夠清楚，她和前任那曾被所有人視為金童玉女的愛情，就是在這些瞬間慢慢破碎的。

他們可以像過去那樣，把它當成夜半的胡思亂想。他可以繼續玩平板電腦，直到神經疲勞得無法支撐。她也可以努力想他的優點，來覆蓋自己日漸滋長的失望。

可是遲早有一天，他們會坐吃山空。那一天，再完美的愛，也會變成一堆甘蔗渣。

其實，他可以告訴她：「對不起，我覺得這個家沒有我的空間，我開始夢見我的前任了。我想我可能開始慢慢想離開你了。」

她也可以告訴他：「我現在還是很需要你的溫暖，我幻想有一個更強有力的男人來愛我，更多的是因為害怕過去的傷害重演而想要努力留住你。」

這些話都太真實了，足以讓一切情感都無法再保留那一層溫情脈脈的面紗。

可一旦情感不再真實，它就開始衰竭了。就像是一個人需要醫生直接告訴他「你身體出了問題」一樣，真正的愛，就是可以坦然告訴對方：我發現，現在沒有以前那麼愛你了。

他們的關係在慢慢變質，身後是奇幻的肥皂泡，他們有沒有勇氣戳開它？到底是什麼在操縱著他們的關係？

他為什麼成為一個永遠的遊樂的孩子，無法邁入成人的世界？

她為什麼成為一個永遠的戰士，那麼想要做孩子卻不能？

他為什麼那麼害怕強大？

她為什麼那麼害怕弱小和無能？

如果他找到一個可以無限接納他的弱點的女人，他的生命就會滿足了嗎？

如果她找到一個她永遠無法嚼成渣的甘蔗男，她的生命就滿足了嗎？

這些話題，如果就此打住，將會成為他們關係中的暗礁、潛流。他們將開始把真實的生活隔在面具之下，他們會越發禮節性地說「我愛你」，他們會因為恐懼分開而不得不在一起，他們將不會有那麼多的眼神交流，他們會越發地沉浸在各自的世界裡，他們會越發覺得這個家充滿了壓抑和無聊，他們將開始期待生命中繼續有新的肥皂泡產生，然後一切重新上演一遍。

他需要有更多的勇氣告訴她內心的想法，而不只是忍受她的指責。她需要有更多的勇氣用脆弱表達脆弱，而非用攻擊表達。他們需要的，只是擺脫過去原生家庭的羈絆和無形的牽引繩，他們需要的是找到屬於自己的聲音。

他們需要的是脆弱相對。這是他們當年最需要卻從未得到過的。**所有的創傷，都是來自傷痛而無人陪伴。**從未有一個人在他恐懼的時候鼓勵他說「沒關係，去吧」。從未有一個人在她恐懼的時候安撫她說「沒關係，哭吧」。

現在他們需要對自己這樣說，也對彼此說這些。

也許只有百分之二十的夫妻可以做到這一點。百分之八十的夫妻能選擇的就是閉上眼，關燈睡覺。

他走到床邊，用顫抖的聲音說：「親愛的，我有話想跟你說……」

她睜開了眼。

婚戀中，你最需要知道的規律是什麼

親密，是指揭露自己而呈現的脆弱和瞭解的狀態，
也就是脆弱相對。

一直以來，我都在尋找一本關於婚姻觀方面的書。

就像我們去旅行，首先要知道目的地是哪裡，如果目的地都是錯的，用再好的技術和方法做攻略，也是沒有意義的。

當下我們出現這麼多的情感問題，主要是因為缺乏情感的信仰。所以我們會出現兩種極端傾向：

• 動物本能主義：男人都是動物，女人都是命苦，你要學會玩心計，才能在如此險惡的世界裡活下去。

• 文青主義：愛就是純粹，就是要一生一世，就是一旦愛上了，便像童話故事裡那樣，永遠都有happy ending（完美結局），如果愛情接觸了人間煙火就是一種褻瀆。

很多男女在青春期都懷著文青主義的情懷，遇到情感挫折後，要麼成為悲劇女主角

或男主角，一直為理想固執下去，要麼就退化成獸，用動物的視角看世界。

我雖以精神分析和存在主義哲學作為觀點基礎，但關於婚姻的很多細節層面的觀點是比較缺乏的。後來讀了《新關係花園》（Joining: The Relationship Garden）這本書，我很受啟發，這本書值得一讀再讀，成為我們一生的陪伴之書。

該書的作者黃煥祥和麥基卓，他們都是人性的藝術家，他們不僅是工作夥伴，也是生活、情感的伴侶，卻又不是一般人所界定的「同志關係」。他們相信「關係」是在人間修行的最好方法，承諾做彼此的鏡子、老師、同修，做對方生命中所有關係排序裡的第一人。他們花費二十六年的時間展開一項探索「愛與親密」的計畫，因為相信自己的發現可以幫助別人，在更切實際的時間內進入親密關係。

這本書最大的特點在於，提供了不少親密關係中關鍵定義的意義。我給大家簡單介紹一下——迷戀 vs 真愛、完美之愛 vs 完整之愛。

很多人都會問，婚姻是不是愛情的墳墓？婚姻到最後都是親情吧？就是因為不瞭解什麼是真愛，都以為這個世界上只有一種愛，就是融合期的迷戀。

所謂融合期，就是兩個人幾乎都融為一體的時期。這時候，彼此都會覺得自己身處最完美的世界，都進入到一種完美之愛：你是完美的，我是完美的，我們的關係是完美的，天上掉下個大餡餅，我們一下就進入了天堂。這時候，我們心有靈犀，所有的事情都是一致的，就像是一個人一樣，愛你就是愛我，愛我就是愛你。

但這個世界上還有第二種愛，那就是當融合期的迷戀之愛結束之後，我們開始從夢幻中醒來之時，我們開始有一種完整之愛。

所謂完整之愛，就是女人開始發現，一個充滿責任感的男人，可能同時也是媽寶男；一個有事業心的男人，可能也是家庭生活的白癡；一個對你很暖的男人，可能也會對同事很暖……

男人也會發現，原來活潑可愛的女生，在生活中也是個粗心的嬌小姐；原來做事乾脆俐落的女生，在生活中也是個控制狂；原來文靜優雅的女生，其實在關係中也是個動不動發動冷戰的疏離者……

這時候，我們該怎麼辦？

1.進入到「冷漠期」

很多時候，我們會聽長輩勸、聽過來人勸——他已經夠好了，不吃喝嫖賭，把薪水都交給你，事業忙一些，很正常啊，結婚了，哪有那麼多浪漫啊，你要調整心態，婚姻到最後不就是親情嗎？

於是就會出現女人忙於孩子，男人忙於事業。兩個人用「轉移」和「壓抑」的方式來應對彼此對情感的失落和種種欲求不滿的難過。

「冷漠期」的主要工作就是降低預期，降低對彼此的需要，好處是雙方可以維持關係的和平，但這種平衡關係會日益變成一種植物人似的「死寂」。就像紅樓夢裡的那句話，「外面是烈火烹油的繁華錦簇，但裡面早就糟朽了」。

需要的降低帶來彼此的疏遠，一旦遇到波動，比如長輩去世、事業失敗、疾病到來，這些需要關係的凝聚力的時刻，關係就會弱不禁風，一扯就斷。

2.進入到「權利鬥爭期」

「權利鬥爭期」的主題其實就是雙方都希望回到「融合期」的肥皂泡的一種幻想。

很多女人會想：為什麼那時他那麼肯在我身上投入，現在卻推三阻四？很多男人會想：為什麼那時她對我那麼理解和支持，現在卻對我挑三揀四？於是雙方都試圖控制對方，讓對方接受自己的規則。

這樣就會發生婚姻中常見的現象：男人試圖讓女人變成男人，女人試圖讓男人變成女人。

所以，男人經常會說：你想那麼多幹嘛？事情都是你想出來的，不想就沒有。

女人也經常會說：你為什麼不和我溝通？如果我們可以溝通一下，我們的關係就會變好的。

男人經常會覺得女人就是愛挑剔，女人經常會覺得男人就是頑固。

很多人因為熬不過「權利鬥爭期」的慘烈鬥爭，關係進入到「急性破裂」或者「慢性破裂」的狀態。

所謂「急性破裂」是指離婚、出軌，通過這些事讓關係終結。「慢性破裂」是指進入到「冷漠期」，讓兩個人的關係慢慢冷卻，慢慢化為烏有。

3.進入到「整合期」

「整合期」要完成的最重要的任務就是：完成真正的「親密」。

那麼，什麼是真正的「親密」呢？親密，是將內心深處的部分向他人、向自己展現而沒有任何偽裝和防衛。親密，是指因袒露自己而呈現脆弱以及對方給予瞭解的狀態，也就是脆弱相對。

如果關係沒有「脆弱相對」這四個字支撐，就是溫室裡的花朵，經不起風雨。

我們為什麼喜歡權利鬥爭？就是因為我們在過去的人生中，在展現自己脆弱的時候，遭遇到各種打擊。

用維吉尼亞．薩提亞的觀點來說：我們本來有一顆活潑的初心，任何一個嬰兒都可以自如地表達自己，它就是表裡如一的。但當我們開始長大需要「社會化」的時候，就需要虛偽，需要表裡不如一，否則我們就成為不能適應社會的傻子。「社會化」是一種重要的能力，沒有它，我們將成為透明人，就像一個人沒有皮膚般可怕。

但是如果「社會化」的壓力過大——比如父母對孩子的學習要求特別高，為了孩子的學習拿皮帶抽孩子，孩子就會發現，否認自己的身體和精神的傷害去努力學習才能保護自己，表達脆弱的真實感受是可怕的，是不被允許的。時間一久，孩子就失去了「親密」的能力。

很多人擁有了這樣的「假自體」——不清楚自己真實的需要是什麼，成了社會規則的機器人。這樣的人在情感的世界裡，就會遇到很多問題，比如他們會娶社會標準層面的老婆，做丈夫該做的事情，但沒有快樂，沒有情緒，也沒有生命的氣息，在精神層面是昏睡過去的。

而情感往往就可以瓦解這些「假自體」，讓他們可以遇到「未知的自己」。在「親密之旅」中，他們將遭遇到對脆弱表現出來的恐懼——這在過去會遭遇巨大的羞辱感；他們將恐懼打開，這意味著自己將無險可守，會像過去生命中的創傷那樣，被人入侵、傷害而無法保護自己；或者他們會恐懼將自己真實的想法說出來時，對方會離自己而去……

當他們開始有了「矯正性情感體驗」時，就會發現**真正的力量不是來自隔絕自己的脆弱和否認自己的痛苦，而在於分享。**

在「社會化」的世界裡，人們是通過你死我活的「零和遊戲」獲益的。其實這種獲益，也只是短期獲益。從長期來看，得到了利益，卻失去了人脈，喪失了聲譽，沒有足夠好的視野，自然就只能過一種低層次的生活。

人們往往會虛妄乃至狂妄地認為：我們可以解決一切問題的，我們可以想要什麼就要什麼的，我們可以不想要什麼就不要什麼的。

但事實上，我們不想老，我們終將會老；我們不想死，我們終將會死；我們想讓關係永遠，但如果做得不對，關係也會終結。

這個世界上沒有確定的事情，唯一確定的就是無常。

生老病死、孤獨和無意義，這些都是人類永遠無法解決的主題。

那麼，我們在一起的意義是什麼？當我們可以脆弱相對、分享彼此的孤獨時，就可以增強對抗這些人生終極主題的力量。就像是我們無法讓黑夜變成白天，但可以增加一雙在黑夜中相握的手。

是的，伴侶的意義，不在於對方的出現讓你的人生問題從此不治而癒，而是你增加了一個病友。你會因為分享自己的脆弱而增強了力量。你會因為深深的懂得和理解而增強了前行的希望。

此時，你會發現，你所有恐懼的、你所有厭惡的、你所有無法接納的、你所有仇恨的，與你所有熱愛的、你所有渴望的、你所有歡喜的、你所有珍愛的，擁有同等重要的意義。因為彼此的懂得，你內在的「容器」擴大了。我們無法消滅一滴墨，但我們可以把它倒進大海中。

在這樣的時刻，你會說：嘿，我們終於相遇了。

在這樣的相遇時刻，你才會真正明白：什麼是愛。

怎樣找到愛你一輩子的男人

只有人的需要落實在「我懂你」的層面，
關係才有持續發展性。

說到相親，我們往往會有一種負面的思維：一對心懷鬼胎的男女坐在一起，男的害怕遇到拜金女，女的害怕遇到猥瑣男，說著客套話，句句都是陷阱，美好的情感，成了暗流湧動的斤斤計較和鉤心鬥角。

但是，相親又是這個社會最大的潮流，如果你年近三十，又在空窗期，幾乎不可能不去相親。

英國數學家彼得．巴克斯在二〇一〇年計算過，銀河系中擁有智慧生物的外星文明數量，比可與他交往的潛在女性還要多。

他通過「住在我附近的女性有多少」、「多少人年齡適合」、「多少人單身」、「多少人和我合得來」等一系列問題，計算出他願意與之交往的女人，全世界只有二十六個——這大概也為巴克斯長期單身找到了理由。

找到真愛是如此之難，我們需要更有效率地找到真愛的方式。於是，出現了不少相親節目。

我們該如何對一段情感更有預測性呢？其實心理學在這方面有更可靠的答案，我們需要把握三個關鍵點，就可以大概預測一段關係。

我們要看這個人的情感模型

所謂三歲看大，七歲看老，是說在五歲之前，我們一生的情感範本就已經形成。我們範本的拷貝物件往往就是父母。

這一點《中國式相親》做得很好。節目中「催婚」的父母坐在前臺面對來賓，爭搶心儀對象，「待娶待嫁」的子女坐在後臺觀察父母與來賓互動。我們從來賓的父母如何與來賓互動就可以大概瞭解來賓的情感模型是什麼樣的。

如果某來賓的父母關係很和諧，也願意一起出鏡，往往預示著這個來賓在情感關係中正向的因素比較多。如果父母和來賓的關係有些緊張，比如父母過於控制，或者過分失控，那麼往往也說明來賓將來做父母的時候，可能會有一些問題。

我們還可以從來賓和父母哪一方聯盟，看出來賓內心更認同誰。來賓和父母的關係是等腰三角形的關係，來賓不偏不倚，說明其足夠成熟，可以和父母都保持比較好的關係。

這樣的人，內心的模型是比較健康的。換句話說，其心裡比較乾淨，不會和自己的原生家庭糾纏不清，而是善對自己，也善對他人。

如果過度和父母一方關係近，與另一方關係遠，都有可能讓來賓與自己的關係以及與他人的關係出現問題。

比如媽寶男，比如和父母疏離的，比如總是和父母一方產生劇烈衝突的，這些人往往很難在自己的親密關係中擁有比較有彈性的關係。

我們要看這個人和家庭的互動模式

《中國式相親》是帶著父母來相親，相親男女見不到彼此，臺上來賓看不到選擇他們的異性，只能看到對方的簡單資料和照片。

臺上來賓見到的是玻璃屋中來賓的父母，他們根據其父母的狀態來判斷對方的性格、素養和家教，並進行選擇。

直到他們做出了選擇，玻璃屋中的來賓才真正亮相。這近乎盲選，卻是較有效、較準確的盲選。正因為如此，臺上父母衡量來賓時的一言一行，成為相親過程中最大的看點。

因為，來賓的性格和素養和他們的父母是有因果關係的，和他們父母表現出來的性格素養環環相扣。父母展現出什麼樣的狀態，他們的孩子往往就會有什麼樣的表現。

記得有一期，現場有一位內蒙古來的媽媽，她沒有對女方列出要求，一切以兒子喜好為主，她豁達開朗，平易近人。她的兒子，也自信溫和、不驕不躁，與其他男來賓一起等候在玻璃屋的時候，也沒有對場上女來賓發表不佳言論、評頭論足。

在中國式婚姻裡，父母總想取代孩子成為孩子婚姻中最具有決定權的那個人，把孩子永遠和自己拴在一起，變成自己身邊的小綿羊。但是婚姻的主角不是父母而是孩子，當父母這樣做的時候，就會把孩子的主動性和其作為一個人的主體性抹殺掉，這對一個人而言是最可悲的閹割。

所以，在孩子將要做出人生重大選擇的時候，父母和孩子應該是一個團隊的關係，而不是領導和服從的關係。

《中國式相親》中也是這麼呈現的，子女可以全程遙控父母，最終做選擇的也是子女，父母更多是參謀的角色。而且父母越是尊重子女，子女越是獨立自主，最終往往更能順利牽手。

聰明的父母會讓自己作為隊友和顧問參與到孩子的生活當中，尤其是在涉及婚姻的時候，比如戀愛、相親。

隊友型父母：這樣的父母和孩子相互配合、民主協商，在家庭中形成良好的團隊關係，在相親過程中得到孩子授權才去做出一些行動。

顧問型父母：這樣的父母能夠尊重孩子的邊界，在孩子不向自己求助的時候，就不會插手孩子的事情。允許孩子有試錯的機會，理解孩子在探索中的迷茫和不容易，儘量只給孩子一些有幫助性的、方向性的指引。

比如那位內蒙古的媽媽，就全部尊重孩子的想法。她對孩子的婚姻沒有具體要求，只是用建議的方式來教會孩子：其實瞭解一個人，並不一定要看其是否有車有房，是否皮膚白、有財富、長的美，完全可以通過其他方式，比如瞭解對方的觀念、性格等。這就是一種啟發式的、顧問式的互動方式。

我們要看這個人的核心需要

根據馬斯洛理論，人的需求就是五層：

- 對生理的需求。
- 對安全感的需求。
- 對歸屬感的需求。
- 對自尊的需求。
- 對自我實現的需求。

如果雙方的感情核心需要更多的是建立在物質上的，那麼就是錢和性讓雙方連接起來，一旦這些因素消失，我破產了，你破相了，那關係就完蛋了。這樣的關係是浮萍式的關係。

如果雙方的情感核心需要更多的是因為安全感，那麼一旦伴侶中的一方有了能力，比如一個女人一開始需要一個如父如山的男人，但十年後，她自己成長了，需要更平等的關係了，這樣的關係也會有危機。

如果雙方的情感核心需要與歸屬感有關，那麼這樣的關係很容易陷入穩定卻乏味的狀態，有包容，但沒有情感的品質，因為我離不開你，不是因為我愛你，是因為我需要一個家。這樣的感情如果不好好發展，也容易出問題。

對自尊的需求，會讓很多俊男美女建立讓人羡慕的「模範婚姻」，但這樣的童話式關係最缺乏的就是「同理心」，因為雙方一直要營造完美，無法接受關係中的那些陰暗角落。這樣的關係最後很容易演變成「假性親密關係」。

只有人的需要落實在「我懂你」的層面，關係才有可持續發展性。在一起以後，可以一起面對彼此以前不敢面對的殘缺和恐懼。瞭解到彼此的弱點，還可以彼此扶持、相互合作。這樣的關係才能真正有長期情感交流。但這樣的關係需要雙方有很強大的情感能力才能達成。

我們要看這個人的性格特點

性格，是一種實現核心需要的手段。

關於人的性格，我們用《西遊記》中的師徒四人來形容。孫悟空是力量型的，他的人生就是戰鬥，誰有能力服誰；唐僧是完美型的，他的人生就是堆積木，一切都要完美無缺；豬八戒是活潑型的，他的人生就是遊樂場；沙僧是溫和型的，他的人生就是要和諧。

孫悟空和沙僧的伴侶關係，看上去可能很和諧，但其實孫悟空只追求力量，不注重和諧，這恰恰是最傷害沙僧的，因為沙僧最害怕的就是關係不好。

很多孫悟空式的妻子，往往要到沙僧式的丈夫出軌後才恍然大悟，原來你對我的不是包容，而是忍受，我以前對你的種種你都有小黑帳記錄。

這就是不瞭解彼此的性格特點最容易造成的誤解。誤解是情感的毒瘤，不儘早發現和摘除就容易不斷擴散，到最後往往回天乏術。

相愛很簡單，相處卻太難。決定你一輩子的，不是你嫁得不對，是你的眼光，是你不懂這個世界。

國家圖書館出版品預行編目(CIP)資料

讓你愛的人重新愛上你：與心理諮商師對話，療癒親密關係，走出孤獨 / 盧悅著. -- 初版. -- 新北市：幸福文化出版：遠足文化發行, 2020.11
面； 公分. -- (富能量；10)

ISBN 978-986-5536-20-6(平裝)

1.婚姻 2.家庭 3.兩性關係

544.3 109015352

富能量 010

讓你愛的人重新愛上你：

與心理諮商師對話，療癒親密關係，走出孤獨

作　　者：盧悅
責任編輯：梁淑玲
封面設計：白日設計
內頁設計：極翔企業有限公司

出版總監／林麗文
副 總 編／梁淑玲、黃佳燕
主　　編／賴秉薇、高佩琳
行銷企畫／林彥伶、朱妍靜
印　　務／江域平、李孟儒

社　　長：郭重興
發 行 人：曾大福
出　　版：幸福文化 / 遠足文化事業股份有限公司
地　　址：231新北市新店區民權路108-1號8樓
粉 絲 團：https://www.facebook.com/Happyhappybooks/
電　　話：(02) 2218-1417　傳真：(02) 2218-8057
發　　行：遠足文化事業股份有限公司
地　　址：231新北市新店區民權路108-2號9樓
電　　話：(02) 2218-1417　傳真：(02) 2218-1142
電　　郵：service@bookrep.com.tw
郵撥帳號：19504465
客服電話：0800-221-029
網　　址：www.bookrep.com.tw
印　　刷：通南彩色印刷有限公司
電　　話：(02)2221-3532
法律顧問：華洋法律事務所 蘇文生律師
初版六刷：2023年1月
定　　價：360元

Printed in Taiwan